情緒

人類跨越文化差異的共通語言

A Very Short Introduction, Second Edition

Emotion

DYLAN EVANS

迪倫・埃文斯
著

彭臨桂
譯

目錄

前言……5
第一章　何謂情緒？……13
第二章　情緒的演化……43
第三章　如何獲得快樂？……77
第四章　理智與內心……109
第五章　哭泣的電腦……135
後記　心有其理……161
參考資料……167
延伸閱讀……183

前言

這本徹底修訂並更新的《情緒》（*Emotion: A Very Short Introduction*）最早是在二〇〇一年以《情感，來自演化？看科學家如何發現情感的祕密》（*Emotion: The Science of Sentiment*）此標題出版。從那時起，情緒研究不斷推陳出新，而這一版就納入了其中一些新的發展。但內容的主旨仍然相同。

啟蒙運動哲學家為情緒的科學研究打下了許多基礎。大衛・休謨（David Hume）、亞當・史密斯（Adam Smith）和托馬斯・瑞德（Thomas Reid）都曾經大篇幅探討情感與激情。這些思想家認為情緒對個人及社會的存在不可或缺。史密斯不僅建立了「憂鬱科學」（dismal science，即經濟學），他還協助開創了「情感科學」（情緒心理學）。他在第一本著作《道德情感論》（*The Theory of Moral Sentiments*，一七五九）中提到，情緒是編織出社會紋理結構的絲線。史密斯也跟休謨和瑞德一樣，不認為情緒與思想是勢不兩立的敵人。對這些思想家來說，展現情緒是很合理的，而任何研究心智的科學都不能不考慮到情感。

浪漫派人士駁斥這種看法，支持另一種更早期的觀點，認為情緒和理智基本上就是相互矛盾的。面對情緒與理智，人類只能二選一，而聰明人都會選擇跟隨自己的心，不是自己的腦。反璞歸真就是指隨心所欲而非訴諸理性。情感的祕密只能由詩解開，不是科學。

我非常認同啟蒙運動對於情緒的看法。跟浪漫派人士不同的是，我不相信情緒和理智在基本上相互矛盾，也不覺得我們應該永遠聽從感性而非理性。我跟亞當．史密斯一樣，認為明智行動來自情緒與理智的和諧融合。我相信缺乏情緒的生物不會比我們更理性，不過我也相信有時候聽從大腦會比隨心所欲的結果更好。知道何時該跟著感覺走，何時又該忽視它們，這就是某些人稱為「情緒智商」（emotional intelligence）的重要能力。

我在本書中主張的觀點，是再次將情緒視為理性的盟友，而非敵人。就像史密斯與休謨，我也認為從科學角度研究情緒不僅可能，還具有極大的價值。這不是因為我覺得我們有辦法將情緒體驗歸納成枯燥乏味的公式。反過來說，釐清情緒不一定就代表我們無法深刻感受。我希望我們可以藉由了解情緒讓人生過得更豐富而不是更貧乏。至少我們能知道科學在這些神祕現象上的最新進展。

科學對情緒的關注在一九九〇年代經歷了一次復興。在二十世紀的大部分時間裡，研究情緒的只有少數心理學家，人類學家則更是少之又少。然而今日的情況就截然不同了。情緒目前可是很熱門的主題。許多人類學家現在會駁斥「情緒是文化特有的」這種觀點。認知心理學家已不再只著重於理性、感知與記憶等能力，並重新發現了情感過程的重要性。神經科學家和人工智慧的研究者也加入討論，共同努力解開這個謎團。本書試圖綜觀全局，拼湊起其中的一些碎片。

毫無疑問，像這樣的小書當然無法涵蓋如此複雜領域的所有層面。我不得不擱置情緒研究中一些非常有趣的面向。例如，讀者在書中就不會看到關於孩童如何發展情緒的討論，儘管這是個迅速發展的領域。書裡也未提及有越來越多文獻探討情緒體驗的個別差異。我選擇的主題反映了個人喜好，而我同時根據猜測提供一般大眾最感興趣的內容。

「情緒」其實是個很新的詞。十九世紀前，人們談論的是「激情」（passion）、情感（sentiment）、情意（affection）。第一章開頭就會先概述這些名詞的複雜歷史。接著內容將探討不同文化中的各種情緒體驗。每個文化都有其情緒氣氛（emotional climate），我會提到一些記錄了這種差異的人類學研究。不過，現在有許多人類學家認為，世界各地的情緒體驗其實大同小異。我在本章提出一個論點：情緒會構成一種「共通語言」，能將人類聯繫起來結合成一個大家庭。比起分隔彼此的文化差異，我們共有的情緒遺產更加根深蒂固。

這些共有的情緒項目來自我們的共同祖先。我們都是十萬年前生活於非洲平原上那幾千個原始人的後裔。我們的許多情緒都是在這段早已過去的時代中鍛造而成。還有更多情緒是在更早之前的時期產生，當時我們的祖先甚至不是人類。在第二章中，我會探討情緒的演化史，並指出情緒對生存不可或缺——至今仍然如此。情緒不只是奢侈品，它們也不像許多哲學家認為的那樣會阻礙人做出明智決定。《星艦迷航記》（*Star Trek*）的創作者在劇中想像出瓦肯人（Vulcan）這個外星種族，認為他們因為學會壓抑情緒才比人類更聰明，但這其實錯了。缺乏情緒的智慧生物根本無法進化，即使是史巴克（Spock）也一樣。

當然，我們現在的環境跟祖先演化的環境已經截然不同。尤其我們有很多尋求快樂的方式是祖先根本料想不到的。在第三章就會討論這些能夠讓人走捷徑獲得快樂的「心情技術」，例如從心理治療與藝術再到藥物和冥想等方式。我會探討這些做法是否有效，以及試圖繞過「自然選擇」替我們安排的曲折路徑來得到快樂是否會有風險。

在第四章，我會解釋情緒如何影響記憶、注意力、感知等「認知」能力。情緒的這種影響力大大吸引了廣告商與政治人物，讓他們紛紛採用能夠引起情緒的做法。你不必提出有力的論點或證據，只要訴諸情感就可以改變人們的想法。我在本章最後會探討心理學與神經科學在同理心方面的一些最新研究。

最近加入情緒研究的學科是人工智慧。從一九九〇年代早期開始，電腦科學家就越來越想打造出具有情緒的機器，而機器人學在這個領域也有了一些進展。在最後一章，我會討論這些新近發展，並且推測未來的走向。我們能成功製造出擁有情感的機器人嗎？這種技術可能帶來什麼後果？由於這方面的研究進步很快，所以我完全重寫了本章內容，這也反映出此領域自本書於二〇〇一年首度出版以來的進展。

我不會假裝自己能為情緒下定論。也許我們永遠都無法發展出真正完善的情緒理論。不過我覺得情緒的科學研究能帶來啟發且令人著迷，希望閱讀本書也能讓你感受到我對此的熱情。

第一章

何謂情緒？

情緒一詞是現代的發明，而且不太好用。第一本使用這個詞的書一直到十九世紀才出現。其中最著名的是《人與動物的情緒表達》（*The Expression of the Emotions in Man and Animals*），作者為查爾斯・達爾文（Charles Darwin），於一八七二年出版。

當然，哲學家和詩人數千年來一直都在書寫和憤怒、憐憫、恐懼相關的主題，可是他們從未將這些心理狀態全部歸納在一起。相反地，他們更想做的是劃清界線，將某些分類成激情與慾望，某些則區分為情意與情感。因此，當蘇格蘭心理學家亞歷山大・貝恩（Alexander Bain）於一八五九年的著作《情緒與意志》（*The Emotions and the Will*）中宣稱，要以情緒（emotion）一詞來指涉「所有能夠藉由感覺、感覺狀態、愉悅、痛苦、激情、情感、情意而理解的感受」，這等於是從根本上改變了我們用來描述心智運作方式的詞彙。

在這種術語變動的現象背後，其實是一種更深層的概念革命——現代心理學因此誕生，這個領域自稱以「科學」方法研究心智，並且仿效自然科學，尤其是生理學。傳統上在討論與研究心智時，總是跟神學和倫理學脫不了關係，而此領域的開拓者便明確表示他們想要打破這種做法。

先以神學為例。十九世紀會出現科學心理學（scientific psychology），主因就是基督教在歐洲和北美的菁英階層當中逐漸式微。科學心理學很明顯扮演了嶄新的角色，完全以非宗教的方式研究心智，對比之下，過去十五個世紀以來，傳統基督教思維長期主宰這門學問與西方大多數的研究領域。而科學心理學的先驅都希望能夠擺脫像激情、慾望、渴望這些源自《聖經》的詞。尤其是passion（除了「激情」亦有「受難」之意）一詞在福音書中更是跟耶穌的受苦與死亡有密切關聯。用情緒之類的術語來取代這些詞，就不會產生這種涵義，也代表著新的科學方法脫離了神學的思維方式。

倫理學的歷史甚至比神學架構更為悠久。早在基督教出現之前，古希臘哲學家就已經從辯論中提到了美好生活的重點，像是憐憫、恐懼與憤怒。眾所周知，柏拉圖（西元前四二八至前三四八年）將心智劃分為三種明顯不同的能力或要素：理性、慾望，以及thumos——這個詞可以翻譯成「憤怒」、「精神」或「憤慨」。從現代的角度來看，這樣的分析似乎非常奇怪。當代的心理學家也許很納悶，柏拉圖為何要從其他情緒之中單獨挑出憤怒，並將這種感受特別視為一種完整的心智能力。那麼難過、恐懼和愧疚呢？這樣的話它們算是哪一類？然而這只表示古代對心智的看法有別於今日。心理學家現在可能會把各種精神狀態歸納到稱為「情緒」的單一類別中，但這種現代發明的方式在古希臘人眼中應該也很不合理。

對柏拉圖而言，將心智區分成三個部分就是為了理解「何謂最好的生活方式」。這並非我們今日所謂客觀、價值中立的「科學」方法，而是以倫理為基礎。在柏拉圖看來，好人要能夠和諧運用這三個心智要素，而且每個要素都能夠適度發揮作用。柏拉圖指出，唯有將慾望和thumos置於理性之下，才可能達到這種境界。

另一位希臘哲學家，同時也是斯多噶學派創始人——季蒂昂的芝諾（Zeno

of Citium，西元前三三四至前二六二年），他則把這個概念發展成一套完整的思想體系。斯多噶哲學家認為，優質的生活應該擺脫所有激情（pathê）。根據他們的看法，激情是會困擾心智的強烈感受，例如強烈的憤怒和過度的歡樂。他們認為激情就像錯誤的意見，是因為過度重視其實沒那麼重要的事物。聰明的人不會著重於小事，因此能夠達到內心的平靜（apatheia）。這並不是完全缺乏情感，恰好相反。能夠正確判斷事物的斯多噶主義者會體驗到滿足（eudaimonia）和愉悅（eupatheiai），但這些都是溫和愉快而非深刻激烈的感受。

斯多噶主義一直持續影響著西方思想。它非但沒有因為基督教的興起而衰亡，反倒被波愛修斯（Boethius，西元四七七至五二四年）和尤斯圖斯·利普修斯（Justus Lipsius，西元一五四七至一六〇六年）等基督教思想家融入了神學。基督教的創立者一點也不像平靜的斯多噶主義者。當耶穌看見耶路撒冷的聖殿裡都是做買賣和兌換銀錢的人，立刻大發雷霆，用鞭子將他們都趕出殿外。他在十字架上垂死時，極度痛苦地大喊：「我的神，我的神，你為什麼離棄我？」有一群主流的基督教信徒便頌揚這些強烈的情緒，包括聖奧古斯丁（Saint Augustine）與聖十字若望（Saint John of the Cross）。正如美國哲學家瑪莎・納思邦（Martha Nussbaum）所言，基督教對於愛的觀念帶有坦然的激情，甚至色情：

我們聽見渴望的嘆息以及深切孤寂的呻吟。我們聽見以痛苦作曲的情歌，而歌者的心糾結於慾望之中。我們聽聞有一種飢餓無法滿足，有一種乾渴會帶來折磨煎熬，還有愛人軀體的滋味會燃起難以言喻的熱望。我們聽聞有一種洞口渴望被穿透，有一種烈火能夠點燃身與心。這些全都是深刻情慾的形象。這些也全都是基督教之愛的形象。

無論斯多噶主義和基督教之間有什麼關係，這兩者都是興起於十九世紀時所謂「科學」方法想要擺脫的傳統。心理學應該要道德中立，不受限於希臘哲學家為心智設下的倫理框架，而且完全脫離宗教，也不應帶有宗教意涵。為了充分表明這一點，心理學家需要一個新的術語。情緒一詞就徹底符合這種需求。

問題在於沒人知道這個新詞到底是什麼意思。一八一〇至一八二〇年間，愛丁堡的道德哲學教授湯瑪斯・布朗（Thomas Brown）在講座中使用這個術語時，告訴學生「情緒一詞的確切意義難以言喻」。經過兩世紀，這個詞的意思一樣不明確。心理學家對它的定義仍然意見分歧。哲學家湯瑪斯・迪克森（Thomas Dixon）便諷刺地說：「以一個打從一開始就被定義為難以定義的詞而言，這不足為奇。」

然而這個問題也許沒有看上去的嚴重。雖然這個詞還是很難找到精確定義，不過正如湯瑪斯・布朗兩百年前在愛丁堡的講座上所言：「每個人都明白情緒的意思。」換句話說，情緒這個詞就像爵士樂，雖然無法定義，可是只要你一看見或感受就會知道是它。或者就像爵士樂手路易斯・阿姆斯壯（Louis Armstrong）那句著名的妙語：「如果你非得問爵士樂是什麼，那你就永遠不會懂。」

基本情緒

與其試圖提供情緒的簡明定義，找出一些典型的範例或許效果更好。很少人會否認憤怒、恐懼和愉悅是情緒。但如果要列舉一份完整的情緒清單，大家就很難有共識了。英國心理學家賽門・拜倫—柯恩（Simon Baron-Cohen）在成人英語詞彙中找到了將近一千個情緒單詞，並將其區分為二十三個完全獨立的類別。其他研究者提出的種類則比較少。

為了理解這些迥異的做法，哲學家保羅・格里菲斯（Paul Griffiths）將情緒分成三類：基本情緒、高等認知情緒，以及文化特有情緒。基本情緒包括了愉悅、痛苦、憤怒、恐懼、驚訝、厭惡（見說明1）。基本情緒是普遍及先天的。就像生來失明的嬰兒仍然能夠做出跟這些情緒相關的表情——笑、面部扭曲等。情緒表達不像話語會因為文化而有所差異，它們比較像呼吸，是人類的天性。

二十世紀大半時間裡，許多人類學家都拒絕接受「情緒是普遍或與生俱來」的概念，而他們支持的觀點稱為情緒文化論。根據其看法，情緒是習得行為，就跟語言一樣藉由文化相傳。正如你必須先聽過英語才知道該怎麼說，你也得先看過別人表現愉悅，自己才能夠感受到。按照這種理論，處於不同文化的人應該會經歷不同的情緒。

說明1

基本情緒

基本情緒是共有和天生的，它們來得快去得也快。雖然研究者對於基本情緒的數量意見不一，但多半都會納入下列項目：

- 愉悅
- 痛苦
- 憤怒

- 恐懼
- 驚訝
- 厭惡

有些研究者會以不同的詞語稱呼這些情緒。例如，很多人會把「快樂」跟「難過」視為基本情緒。我認為這些詞用來描述心情會比較適合（見第三章），因此在本書中我會用「愉悅」與「痛苦」來指稱基本情緒，而「快樂」和「難過」則用於形容心情的好壞。

一九六〇年代晚期，這種對於情緒的看法仍是正統。一位名叫保羅．艾克曼（Paul Ekman）的年輕美國心理學家也著手研究，想找到有力的證據加以支持。出乎意料的是，他得到的結果恰好相反。艾克曼提出的科學證據首度證明：情緒文化論嚴重偏離了事實。

艾克曼採用的方法雖然簡單卻很高明。他造訪一處尚未出現文字的文化（新幾內亞的法雷人），確認研究對象從未看過西方的照片或影片，因此無從得知西方人如何表達情緒。接著艾克曼講了幾個不同的故事，拿出幾張美國人表現各種情緒的相片，再請他們選擇最符合故事的照片。

例如，有個故事的內容是一個人在小屋裡遇到一隻野豬，這種情況會引起西方人的恐懼。果然，法雷人指出了和故事相關的西方人表情。為了確認結果，艾克曼請一些法雷人針對故事做出表情並錄影。回到舊金山後，他將實驗的順序顛倒，請美國人將法雷人的表情和故事連結起來。他們的判斷也同樣吻合。

艾克曼第一次向美國人類學會（American Anthropological Association）展現成果時就遭到嘲諷。情緒文化論實在太根深蒂固了，因此所有批評都會被一笑置之。不過最後艾克曼還是在這場論戰中贏得勝利。現今的情緒研究者已經普遍認為，至少有某些情緒並非習得，而是生來就有的。

當然，情緒文化論的死硬派支持者總是可以如此反駁：艾克曼的研究只證明了基本情緒的表情是普遍和固有的（見圖1）。研究並未告訴我們那些表情背後的主觀感受。這倒也沒錯，但任何牽涉到私人及主觀的事物都是如此。例如，我永遠無法確定你對紅色或甜度的感受是否和我一樣。然而，要是每個人的主觀體驗都這麼截然不同，我們就很難溝通了。也許我們能使用相同詞語並以同樣的文法表達，可是如果要用來呈現「在根本上相異」的概念，肯定會陷入誤解的泥淖而感到絕望。如此我們對任何事都無法達成共識。

雖然異議與誤解確實很常見，但並不會普遍到使人完全無法有效溝通。多數的人在大部分時間裡都能成功傳達訊息。當我們在閱讀其他文化的作家詩作和小說時，能明白他們描述的情緒。倘若情緒是文化特有的，也和語言一樣變動迅速，那麼這些內容看起來就會陌生而無法理解。

溝通也可能不必透過話語，這多虧了我們都有的基本情緒。人類學家初次和與世隔絕的人們接觸時，唯一的溝通方式就是臉部表情與身體動作，而其中有許多都能夠表達情緒。比方說人類學家露出笑容，部落成員立刻就明白這種表情的

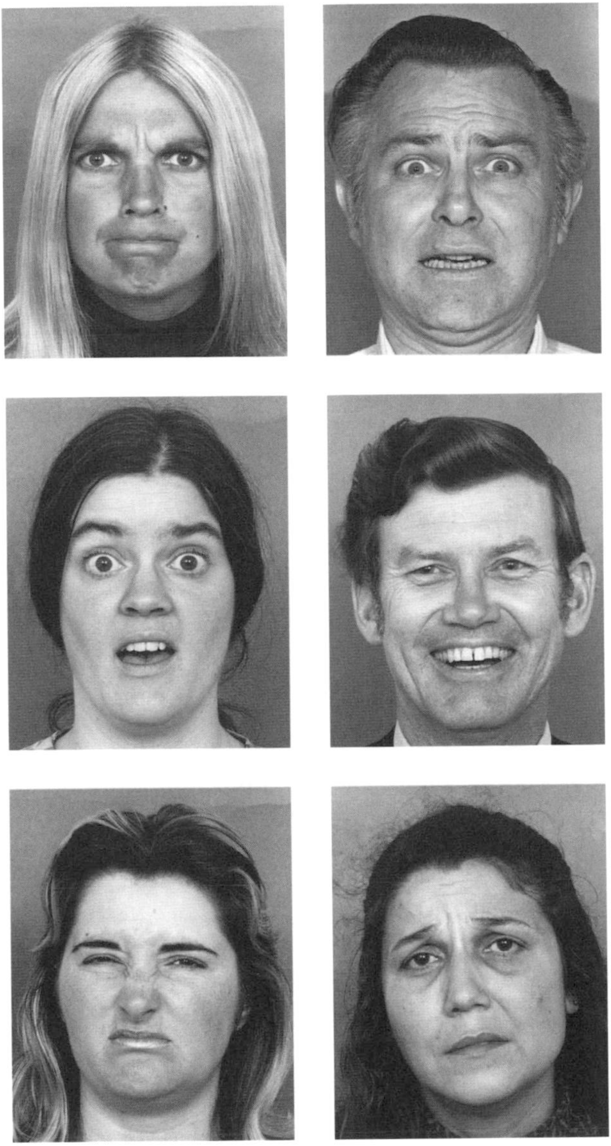

圖1．基本情緒的臉部表情。（圖片來源：Ekman, P. and Friesen, W.〔2003〕. Unmasking the Face: A guide to recognizing emotions from facial expressions. Malor Books. Reproduced with permission of the Paul Ekman Group, LLC.）

意思。或許他們會露出笑容回應，讓人類學家知道他們有同樣的感受。

我們共有的情緒遺產以超越文化差異的方式將人類聯繫起來。無論在任何地方、任何時候，人類都擁有相同的基本情緒項目。個別文化可能會在這些項目上自行發揮，例如著重某些情緒、貶低另一些情緒、依文化差異修飾共同的感受，但這些分歧比較像是對於同一件音樂作品的兩種演繹，而非演奏兩首不同的曲子。正如兩個管弦樂團以稍有差別的方式演出同一首交響曲，兩種文化也會用不同的音色奏出各自的情緒。可是大家都會知道樂譜是同一份。

基本情緒的普遍性明顯意味著它們是一種生物特性。如果情緒是由文化創造，它們怎麼可能會無所不在。然而，倘若我們假設情緒是人類共同的生物遺傳，那麼它們存在於世界各地的現象就很好解釋了。除了一些微小差異，基本上全人類都擁有相同的身體構造，因此我們也擁有一樣的心智。這種共有的人性就編寫在人類的基因組之中，是演化史留給我們的遺產。

當人類心理的統一性受到更廣泛的認可後，我們不禁納悶，為何會有這麼多人接受情緒文化論。或許答案在於人類（同樣普遍地）傾向誇大群體之間的微小區別。尋求文化認同時，我們自然會偏重自己跟他人的分歧而非共通點。在情緒方面，我們往往只關注細微的文化差異，忽略了不可勝數的相似之處。

歐洲人對於東南亞民族的看法即為一例。有好一段時間，英國和歐洲其他區域的人都認為日本、中國和東南亞國家的人相當神祕且深不可測。之所以會有「難以捉摸的東方人」這種刻板印象，主要是因為歐洲人覺得對方的情緒很難判斷。他們懷疑日本人的撲克臉之下是否掩蓋著跟自己截然不同的情緒。

比起歐洲和北美人，日本人確實下了更多工夫隱藏情緒。每種文化對於符合社會規範的情緒表達方式各有其定義。在歐洲和北美洲，這些「表達規則」鼓勵人們用生動的表情展現情緒；撲克臉通常被視為沉悶或是想騙人。另一方面，過度表現情緒在日本則經常被當成粗魯無禮，因此日本人會刻意壓抑自己的情緒表達。

然而在這些表達規則底下的情緒，其實都是一樣的。保羅・艾克曼和華勒斯・弗里森（Wallace Friesen）做了一項有趣的實驗，錄下美國人和日本人觀看電影片段的反應。有些影片是普通或愉快的事，例如划獨木舟，有些則是令人噁心的畫面，例如割禮儀式、真空吸引生產、鼻部手術等。其中一次的播放是由受試者獨自觀看，另一次則有一位採訪者在場。只有自己一人的時候，美國和日本受試者露出的表情都很類似。可是有採訪者在旁邊時，日本人就比美國人笑得更多，也比較不會表現出感到噁心的樣子。

不過這場實驗最有趣的一點在於他們用慢動作檢視了影片。他們藉由這種方式才發現，當採訪者在場時，日本受試者其實一開始就露出了和美國人一樣的噁心表情，然後又在一瞬間隱藏起來。換句話說，美國人和日本人都感受到相同的基本情緒。這些生物反應是不自覺的，無法隨意控制。只有在經過幾百毫秒產生了意識之後，人們才能壓抑基本生物反應並按照表達規則展現情緒。

因此，難以捉摸的東方人隱藏的並非是迥然不同的情緒——那些情緒就跟世上其他人類所感受到的一模一樣。歐洲人會懷疑東方人在較無起伏的神情下潛藏著與自己大相逕庭的心智，其實是被雙方表達規則的表面差異給誤導。

這項研究美國人和日本人的實驗，證明了恐懼與厭惡之類的情緒都是不自覺的反射反應，我們幾乎無法用意識去控制。而這些情緒產生的速度也跟反射一樣，比我們的意志快上許多。所以由文化決定的表達規則總是在基本情緒反應出現後才發揮作用。基本情緒是與生俱來的，由基因（而非文化）刻印到我們的神經迴路當中，是我們共有的基本心理特徵。

高等認知情緒

哲學家保羅．格里菲斯所歸納的第二類情緒是高等認知情緒。這些情緒不像基本情緒般能不假思索地迅速產生，也不會引發共同的單一表情。就像愛，雖然我們有可能一見鍾情，但更常見的狀況是愛會在幾天、幾週或甚至幾個月的期間裡逐漸滋長。相比之下，恐懼的情緒往往能在一瞬間占據人心。此外，儘管恐懼能藉由特有的表情輕易識別，愛這種情緒卻沒有與其相關的特定表情。

高等認知情緒比基本情緒需要更多的皮質處理。基本情緒跟埋藏於大腦深處的皮質下結構有所關聯，而「愛」這類情緒則牽涉了新皮質（neocortex）的區域。新皮質是人類大腦在過去五百萬年演化中擴張最多的部位，幫助我們執行大多數最為複雜的認知能力，例如明確的邏輯分析。高等認知情緒所需的皮質處理比基本情緒更多，表示它們更會受到意識思維影響，這也讓高等認知情緒比基本情緒更容易產生文化差異。然而，儘管在文化上的變動較大，高等認知情緒仍然是人類普遍共有的。它們就像基本情緒，屬於人性的一部分，也是由我們共同的演化史所塑造。

除了愛，還有哪些高等認知情緒呢？可能的候選者包括內疚、羞愧、尷尬、驕傲、羨慕、妒忌（見說明2）。這份清單暗示了高等認知情緒更深層的特性：

這些情緒跟基本情緒的不同之處在於：它們都具有社會性功能。你可以害怕或厭惡無生命物體或非人類動物，然而愛與內疚則需要以其他人為對象。或許你會對傷害動物感到內疚，有些人也會主張他們愛自己的寵物，但內疚與愛似乎不是為了這類目的演化而來。高等認知情緒經歷天擇的發展，應該是為了幫助我們的祖先面對日益複雜的社會環境。在第二章我們會討論到，維繫人類社會的也許就是這些情緒。

說明2

高等認知情緒

高等認知情緒就跟基本情緒一樣是普遍共有的，但它們表現出的文化差異較大。比起基本情緒，它們需要更長的時間發展建立，也能持續得比較久。高等認知情緒包括下列項目：

- 愛

• 內疚
• 羞愧
• 尷尬
• 驕傲
• 羨慕
• 妒忌

某些基本情緒也會被賦予代表高等認知情緒的社會功能。一個人對腐敗食物的氣味感到噁心厭惡時，這叫基本情緒。可是當你對某種不道德的行為感到厭惡，原本為了使你遠離傳染疾病或有毒事物的基本情緒就會被賦予社會功能，讓你遠離不值得信任的人。

文化特有情緒

保羅．格里菲斯歸納的第三種（最後一種）情緒是文化特有情緒。這類情緒和基本情緒以及高等認知情緒的相異之處在於：它們並不是普遍共有的；它們只會出現在某些文化中。情緒文化論認為所有的情緒均是如此，不過我們已經知道保羅．艾克曼的開創性研究推翻了這個觀點。某些情緒是普遍共有的，並不代表全部的情緒都是這樣。

例如，新幾內亞的古魯倫巴人（Gururumba）有一種其他文化從未經歷過的情緒。這種狀態稱為「野豬附身」，出現這種情緒的人行為舉止就像野豬：他們會到處亂跑，搶奪不貴重的東西，還會攻擊旁觀者。

這種情緒似乎不是天生的。說到「天生」，它有許多不同的用法，某些生物學家與哲學家甚至認為我們應該完全捨棄這個詞。我覺得這個詞沒問題，只要我們留心自己想表達的意思就好。當我說某種特徵為「天生」，指的是它幾乎不需要什麼特別條件就能發展。換言之，只要你滿足一個孩子的基本生存需求，比方說食物、住處、同伴，這個孩子就會發展出人類天生的所有特徵。從這方面來看，語言就是天生的，你不必提供許多特別的教材讓孩子習得語言，你要做的就只是讓孩子加入一群會說話的人。當然，說出特定語言（例如英語或日語）的能力就不是天生的。想發展出這類特徵，在生存的基本必需品之外，還得滿足其他特殊條件才行，而且這些條件並非隨處可得。

因此，當我說文化特有情緒並非天生，意思就是它們要在滿足特殊條件的情況下發展，而這類條件只有特定文化能夠提供。其中最重要的條件是：你得在小時候學會這種情緒。換句話說，基本情緒是不由自主發展而來，但文化特有情緒則必須透過熟悉自身文化後才能習得。除非你在成長過程中看見別人受這種情緒控制，否則你永遠也無法感受到野豬附身的狀態。這就是文化特有情緒跟基本情緒區別之處——就算你從未聽說過恐懼或憤怒這類基本情緒，也還是能感受得到。

不同文化能夠讓人類產生不同的情緒項目，這證明了人類心智有極大的可塑性。如果你相信人類的心智會以特定方式運作，那麼就算你提出的理論在描述人類心理時錯得離譜，你的心智仍然會開始照著理論預測的方向走。也就是說，關於心智的理論在某種程度上都算自證預言。倘若你的文化教導你有一種情緒叫「野豬附身」，你就會發展出可以感受到這種情緒的能力。而這種感受並非蓄意欺騙的行為。即使當中有任何欺騙的成分，那也是自我欺騙，但這麼說可能不太好，畢竟文化特有情緒不會給人虛假的感覺。事實上，它們感覺起來就跟普遍且天生的基本情緒沒兩樣。

古魯倫巴人的男性確實覺得「野豬附身」的情緒違背其意願控制了他們（而且只有男性會感受到這種情緒），就像恐懼或厭惡等基本情緒在我們未做出有意識的決定下直接「發生」了。被「野豬附身」這類文化特有情緒控制的人不是在假裝。

像「野豬附身」等文化特有情緒具備一種有趣的特徵，那就是它們往往能讓人用某種方式擺脫困境。被這種情緒控制的古魯倫巴人會得到格外寬容的對待；他們不歡迎這種情緒，但把它視為非出於本意的事件，所以為其所苦的人會特別受到關心，包括暫時不必負擔財務責任。奇妙的巧合在於，它好發的對象通常都是介於二十五至三十五歲之間的男性——正好是婚姻初期剛遇上財務困難的年紀。這真是幸運：一個男人在經濟壓力越來越大時，碰巧就產生了這種能讓大家給他餘裕面對壓力的情緒。

當然，「野豬附身」會折磨那些可能從中獲益的人其實並非巧合。心理學家詹姆斯・艾弗瑞爾（James Averill）指出，許多情緒的功能，正是為了幫助人們處理其文化中的特殊需求。如果這是事實，那麼此種情況就只適用於文化特有情緒。基本情緒不是為了符合特定文化的需求才出現，而是為了幫助我們應付在各處所面臨的基本挑戰，這點我們在第二章會討論。

浪漫愛

文化特有情緒還有什麼其他的例子嗎？浪漫愛（romantic love）就是一種引起分歧意見的特別情緒。有些人堅稱這是一種普遍的情緒，跟恐懼與憤怒一樣是天生的。其他人則不認同，主張浪漫愛比較類似「野豬附身」的狀態。眾所周知，法國思想家拉羅什福科（La Rochefoucauld）曾經宣稱：「有些從未聽過愛的人絕不會墜入愛河。」認為浪漫愛是文化特有情緒的人甚至更進一步——他們聲稱一個人如果先前沒聽過浪漫故事，就不可能會戀愛。

作家C・S・路易斯（C. S. Lewis）是這個觀點最知名的擁護者，他主張浪漫愛是十二世紀初期的歐洲所發明。許多歐洲詩作大概就在這個時候開始以「宮廷愛情」（courtly love）為主題。詩中會描述一位貴族愛上了宮廷的一位小姐；他會成為她的騎士，全心全意為她服務，然而他對她的熱情往往無法獲得圓滿結果。圓桌騎士蘭斯洛特（Lancelot）對亞瑟王（King Arthur）之妻桂妮薇兒

（Guinevere）的愛，或許就是這種文類中最著名的故事。

倘若浪漫愛確實是某些中世紀詩人的發明，那麼在中世紀之前就不可能會有人感受到這種情緒。路易斯就很樂意接受這種煽動性論點的後果，他表示「沒人在荷馬（Homer）或維吉爾（Virgil）的作品中墜入愛河」。我們不太確定路易斯談的是文學或心理學——他的意思到底是詩人在中世紀之前沒寫過浪漫愛，還是在那之前沒人感受過這種情緒——不過有時候他指的似乎是後者，例如他曾經說過，浪漫愛的出現是有史以來「人類情感真正發生改變」的少數特例。

我們可以提出和路易斯相反的意見，因為早在描寫宮廷愛情的中世紀詩作出現之前，有些文本就已經具備明顯的浪漫情感。《舊約聖經》中的雅歌（Song of Songs）即為一例，像以下的詩節中就確實充滿了渴望：

> 我妹子，我心婦，你奪了我的心；
> 你用眼一看，

用你項上的一條鏈子，
奪了我的心！

人類學家也觀察到：與我們在時空上相隔的文化中存在浪漫愛。然而，倘若浪漫愛是歐洲的發明，那麼未跟歐洲接觸過的民族就不可能體會到它。這個簡單的論點讓兩位人類學家著手測試浪漫愛的文化理論。

首先，他們必須給浪漫愛一個有效的定義，於是找出了這個概念的核心特徵：一個人感受到強烈的性吸引力，當所愛之人不在就會覺得痛苦與渴望，而對方在場時則會極度愉悅。他們也列出其他要素，包括費盡心思的求愛之舉，像是送禮、藉由歌曲或詩作表達愛意。接著他們檢查人類學文獻，計算出描寫此類特徵的文化數量。意外的是，他們在百分之九十的文化中發現這些描述。要是人類學家在這百分之九十的社會中確實觀察並記錄下浪漫愛情事件，大概就能推測另外百分之十的社會裡也存在著這種情緒。

這項證據明顯指出了浪漫愛的普遍性。然而，路易斯的論點還是有其道理。即使浪漫愛的核心要素是普遍的，其他層面也仍然可能有文化上的差異。回到先前的音樂比喻，就算使用同一份樂譜，由不同管弦樂團演奏出的交響曲聽起來還是會有些微差別。同理，各文化所展現的浪漫愛也會略有區別。西方的浪漫愛特徵在其他地區就找不到，例如浪漫愛必須出其不意，它應該要讓人立下終生的承諾，而且也是自我實現的終極形式。因此，浪漫愛是一種普遍的主題，但能容許一些細微的變化。

複雜問題

生物學和文化在情緒發展中所扮演的確切角色仍是激烈爭辯的議題。例如，有些研究者會質疑那些用來證明基本情緒普遍性的方法。在許多研究中，參與者都必須先觀看帶有不同面部表情的照片，再從一份既定清單中選擇相符的描述。不過波士頓大學的心理學家詹姆斯・羅素（James Russell）認為，給予這種提示會過度強調認出「正確」情緒的重要性。如果受試者知道自己要辨認的是快樂、難過、憤怒等，他們大概就只會看得見這些東西。然而，如果要求人們用自己的話來敘述，他們就很難說出正確答案了。在一項不使用這類清單的實驗中，正確率就從超過百分之八十掉到百分之五十左右。

波士頓東北大學的心理學家麗莎・費德曼・巴瑞特（Lisa Feldman Barrett）批評得比羅素更深入。她認為大家對於普遍的情緒表達信條簡直照單全收，而且有些資料解釋起來也無憑無據。她指出，許多情緒表達並非與生俱來，而是透過文化習得的象徵——一種我們學會和其他人溝通情緒的「肢體語言」形式。這種表達就像口語，彼此之間具有共通性，但也會有文化之間的差異。這不代表基本情感是文化特有的，而是指各文化用來傳達這些情感的臉部表情可能比艾克曼所宣稱的差距更大。

科學主張永遠都是暫時的，而關於先天與後天在情緒發展中的相對重要性也一直眾說紛紜。羅素和巴瑞特等研究者所提出的批評並未推翻艾克曼的基本情緒論，倒是指出了當中必須改進之處。人類情緒具有演化基礎的基本見解仍然為真。我們會在第二章進一步探究這個概念。

第二章

情緒的演化

如果你看過《星艦迷航記》，一定會記得那位尖耳外星人史巴克。史巴克的血統一半是人類，另一半則為瓦肯人。出於某些古怪的機緣，這個種族剛好在各方面看起來都很像人類，除了那雙明顯的耳朵以外。

然而，相似的外貌之下卻隱藏著很大的差異。在長得像人的容貌後面，是一顆比我們優異許多的外星大腦。更特別的是，瓦肯族學會壓抑自己的情緒。他們擺脫了這些源自動物祖先的原始遺傳，再也不會受到激情的妨礙，因而獲得了超人般的理性。

《星艦迷航記》的創作者在設定出一種缺乏情緒、比我們更聰明的生物時，其實也延續了西方文化中的一個古老主題。從柏拉圖開始，許多西方思想家就傾向把情緒視為明智行動的阻礙，或者充其量也只是無害的奢侈品。我將此稱為情緒負面論。

與其相反的觀念——情緒正面論，則認為情緒是明智行動不可或缺的要素。

根據情緒的正面看法，缺少情緒的生物會比我們更缺乏智慧，不可能更聰明。過去兩千年來的西方思想家一定會認為這個概念相當荒謬，不過現在演化論和神經科學都已經提出認同它的論點。

要找到支持情緒負面論的例子很容易。我們都很清楚過度的情緒會使人無法做出明智之舉。有個男人受到一群流氓侮辱，如果他忽視而直接離開就會比較安全，但自尊心可能會導致他做出反應，因此成為暴力攻擊的受害者。有個女人遭到上司批評，可能會心生不滿而離職，不過最明智的反應也許是壓抑下來，改變自己的行為。諸如此類。

無可否認，情緒確實可能導致人們做出後悔的事。情緒正面論不是主張情緒一定能帶來助益，而是認為成功的最佳方式混合了理性與情緒，並非只有理性。完全沒有情緒的人在某些情況下的表現會比我們好，但在其他情況卻會更差。不過整體來說，擁有情緒的好處大於缺點。

情緒正面論也有演化論的支持。情緒是複雜的特徵，這類特徵除非具有某些優勢，否則幾乎不會演化。而我們現在擁有情緒，就表示它們至少在演化史上幫助了我們的祖先存活與繁殖。問題在於：這是怎麼辦到的？

基本情緒的價值

我們很容易看出像恐懼和憤怒等基本情緒是如何幫助祖先生存下來。在飢餓掠食者造成極大威脅的世界中，恐懼的能力顯然很實用。恐懼會讓動物對所有可能的危險跡象迅速做出反應，使身體充滿荷爾蒙，藉此迅速逃離，也使牠們的心裡只想著一件事：快逃！（見說明3）。憤怒也類似這樣，只是它會讓生物準備戰鬥而非逃跑。

說明3

通往恐懼的兩條路線

美國神經科學家約瑟夫．勒杜（Joseph LeDoux）發現，恐懼反應是由大腦裡兩條不同的路徑所控制。第一條就是艾克曼所謂恐懼的基本情緒，它的速度非常快，可是經常出錯。第二條速度比較慢，不過也較為準確。

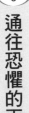

在理想的情況下，這兩條路徑會一起合作，讓我們得到兩全其美的結果。第一條路徑讓我們針對潛在的危險跡象快速反應，但往往都是虛驚一場。同時，第二條路徑會更仔細地考量情勢，如果它判定危險並不存在，就會中斷由第一條路徑引發的恐懼反應。恐懼症發作時，第二條路徑就會無法正常運作，讓我們持續對無害的刺激產生害怕的反應。

要分析驚訝與厭惡也相當簡單。驚訝的情緒會幫助動物對新刺激做出反應。當發生出乎意料的事情時，驚訝反應會讓我們停下來，強迫我們去注意。我們會拱起眉毛，藉此張大眼睛盡量看清楚新的場景。身體會準備好改變行動。同理，在面對容易傳染細菌的腐敗食物與排泄物時，厭惡感能幫得上忙。厭惡會讓動物遠離這些東西，藉此避免中毒或被傳染。

至於另外兩種基本情緒——愉悅與痛苦，其演化原理就較為複雜。它們的演化大抵是要形成動機，促使我們從事或避免特定行為。在石器時代，當我們在做對傳遞基因有益的事情時，通常都會感到愉悅。性愛、遇見老友、收到禮物這些事之所以能讓我們充滿愉悅，在於它們對我們祖先的繁殖成功有幫助。相反地，朋友死去或失去重要物品之所以如此痛苦，是因為它們對祖先的繁殖有害處。這不代表我們的祖先能在腦中將這些情緒與基因成功地連結起來。天擇並未使我們只會想著用什麼方式傳遞基因最好，而是給予我們感受愉悅的能力，讓我們在從事「有益於將基因傳給下一代」的事情時體驗到愉悅。

如果愉悅與痛苦確實演化成具有動機的功能，就像成語所說的「軟硬兼施」，那麼它們就得搭配期望才有效用。如果不能預測特定行動是否會讓我們感到愉悅或痛苦，這些情緒就無法提供動機促使我們採取或避免行動。要是沒辦法預料這些感受並藉此決定該怎麼做，那麼感到愉悅或痛苦就沒有意義了。我們在童年時期經歷這些感受，就會慢慢懂得哪些事能讓自己感到愉悅或痛苦。而在成長過程中，我們就會利用對這些感受的記憶來讓自己過好生活。

幸運的是，我們不一定要完全依靠自己的經驗。雖然每個人的偏好不同，但愉悅與痛苦的基本原因都是共通的，亦即我們可以透過他人的經驗學習。這種原則也適用於其他基本情緒，例如恐懼和厭惡。當孩子見到父母不敢進入某條河流，他們就會推論那條河很危險，於是不會親身嘗試。同樣地，當孩子發現父母對特定種類的食物有噁心厭惡的反應，他們也不必自己去品嚐那些味道很糟的東西。對於像智人這類社會化物種來說，情緒又加倍實用了。一方面，情緒的內在感受和身體變化會導致生物從事或避免特定行為。另一方面，外在的情緒表達能提供資訊給其他人，讓他們從我們的經驗中學習。

其他社會化物種也有這樣的現象，包括許多靈長類動物。在一項實驗中，有一群由實驗室飼養的獼猴在第一次見到蛇時並不害怕，可是在看過影片中其他猴子對蛇做出害怕的反應後，牠們開始對蛇展現出恐懼。然而，這種從經驗學習的方式有其侷限。實驗室飼養的獼猴在看到影片裡的猴子對花朵或兔子感到驚恐後，牠們卻不會對這類無害的東西產生恐懼。情緒學習結合了環境影響以及比他者更願意學習某些事物的先天傾向。

情緒表達不一定都是為了讓其他動物能夠間接學習。某些情緒表達就不會真實傳達出潛在的情緒，而是欺騙的行為。例如，貓害怕時會豎起毛髮，然而這種表達的作用不是為了讓其他動物知道牠很害怕。正好相反，貓是希望不讓某些動物（掠食者）知道牠在害怕，因為這可能會促使對方攻擊牠。豎起毛髮的用途是讓貓的體型看起來比實際更大，藉此讓掠食者或其他貓打消攻擊的念頭。

因此，在探討情緒的演化時，我們必須考量每一種情緒反應的所有要素。光是關注內在感受並不夠，我們也得考慮到面部表情和其他信號。最早強調這種信號重要性的是達爾文，他的著作《人與動物的情緒表達》（*The Expression of the*

Emotions in Man and Animals，一八七二）就檢視了其中許多信號在漫長的演化時間裡是否連貫。達爾文會對這些表達感興趣，原因在於他認為這樣能證明人類是從其他動物演變而來。例如，他指出我們害怕時會寒毛直豎就是一種演化殘留的結果，因為我們的祖先原本就全身覆滿體毛，就跟今日的貓一樣，所以我們的祖先在害怕時也會豎起毛髮。當然，現在我們的手毛豎起並不會讓體型看起來更大，因此這種反應的效果也不再那麼明顯，但它還是存在，代表著前人類祖先所留下的遺產。

因為恐懼而豎起毛髮，或因為憤怒而露出牙齒，這種情緒表達的演化原因很好猜想。不過其他的情緒表達就較難理解了，比如說眼淚。許多演化論者都不清楚為什麼我們痛苦時會哭泣。只有人類才會流下情緒性的眼淚，雖然大多數哺乳動物都有淚腺，但其功用就只是為了防止眼睛受傷。其他物種都不會因為痛苦而哭——就連和人類最接近的黑猩猩也一樣。

達爾文拒絕接受「痛苦的眼淚毫無用途」的這種說法。他指出淚腺的演化是為了保護嬰兒的眼睛，因為長時間大哭可能會導致眼睛受傷。達爾文認為，成人因為痛苦而流淚，就只是眼睛繃緊時淚腺受到壓迫所導致的結果，就像你發笑或打噴嚏時讓相同的肌肉收縮後也會流出眼淚。

近來，研究者開始挑戰這種觀點，提出了情緒性眼淚的各種作用。生物化學家威廉・弗雷（William Frey）發現，因痛苦而流的眼淚和其他眼淚有不同的生物化學成分，因此認為這種淚水會帶走身體的壓力荷爾蒙。他主張就是因為如此，人們才通常會在大哭一場後感覺好多了。另一個更為普遍的看法是把眼淚當成痛苦的真實信號。真實的信號一定難以偽裝，而我們似乎也真的很難刻意假哭；而演員都要經過大量練習才能哭得具有說服力。根據這個概念，我們在哭完之後覺得好過並不是因為擺脫了過多的荷爾蒙，原因就只是哭泣通常會讓其他人支持我們。然而此理論有一個問題，就是未能說明為何有時我們獨自哭完後也會感到好過一點。

人類是唯一會在痛苦時哭泣的動物，所以這種獨特的情緒表達一定是在人類後代與黑猩猩後代演化出現分歧後才產生。其他情緒表達多半都是更早之前就存在了。我們害怕時會豎起毛髮大概源自五千萬年前，當時哺乳動物的共同祖先還在地球上悄然潛行。恐懼的情緒甚至比這種生理表達方式出現得更早。事實上，恐懼很可能是最早演化的情緒之一。至少在五億年前出現的第一批脊椎動物也許就會感到恐懼了。從早期脊椎動物演變而來的所有動物——兩棲類、爬蟲類、鳥類、哺乳類，全都繼承了恐懼的能力。在這方面，人類一點都不特別。

其他像愉悅和痛苦之類的基本情緒或許更晚才出現，但歷史還是非常悠久，因此除了人類以外的許多動物也擁有這種情緒。誰會不相信一隻蜷縮在溫暖火堆旁的貓是因為愉悅而大聲呼嚕呢？非人類動物會感受到痛苦的證據就較難找到，但我們通常認為至少大象就能感受到這種情緒。就算會讓自己陷入危險，母象也往往不願離開被獵人殺死的孩子屍體，另外牠們還經常會回到所謂的大象墓地。

在你指控我感情用事之前，請先考量一下神經解剖學的證據。如果將差異甚大的動物拿來比較，你就會發現其腦部有驚人的相似之處。例如，所有脊椎動物的腦部都明顯分成三個部分，也就是後腦（hindbrain）、中腦（midbrain）、前腦（forebrain），而每個部分都有相同的基本結構與路徑。這表示腦部的演化是一種非常保守的過程，當中許多系統幾乎都沒什麼改變，儘管身體其他部分可能會產生極大的變化。

跟恐懼與憤怒相關的腦部結構尤其如此。所有哺乳動物（包括我們）的恐懼和憤怒都是由一組神經結構處理，稱為邊緣系統（limbic system），包含了海馬迴（hippocampus）、扣帶迴（cingulate gyrus）、視丘前端（anterior thalamus）、杏仁核（amygdala），見圖2。這些結構都位於腦部的中心，外面覆蓋著一層所謂的新皮質。從演化的角度來看，新皮質出現的時間比邊緣系統晚了許多。雖然魚類、兩棲類、鳥類、爬蟲類的腦部也算擁有新皮質，不過哺乳動物的新皮質要大得多，而且完全包覆了邊緣結構。確實，新皮質的大小正是哺乳類和其他脊椎動物腦部的主要差異。根據神經科學家保羅．麥克林（Paul MacLean）的觀點，哺乳動物腦部的演化牽涉了新皮質的擴張，而較早出現的邊緣結構則沒什麼改變

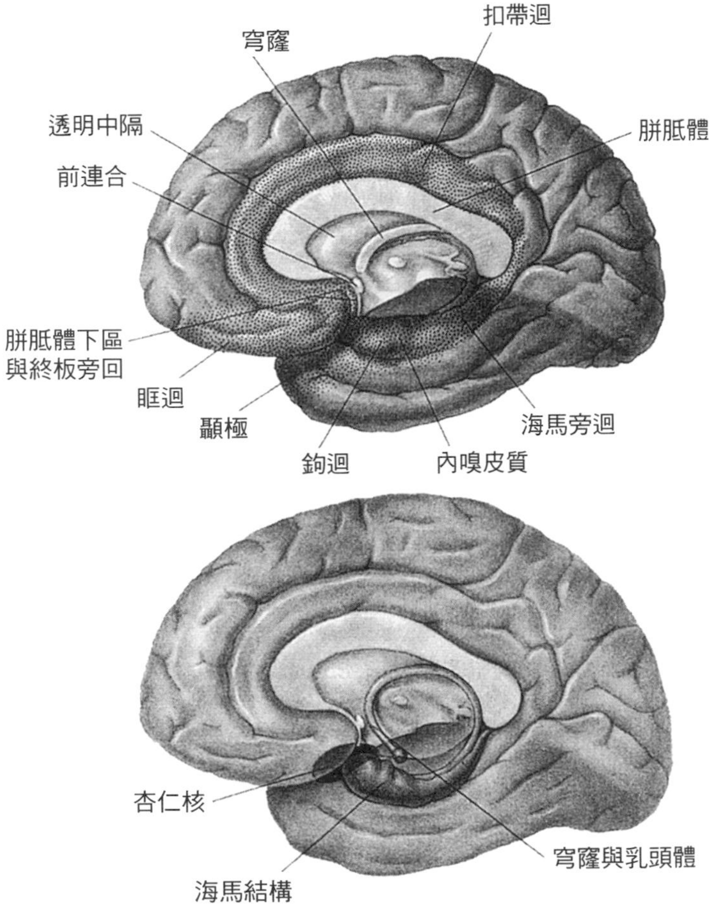

圖2・海馬迴與杏仁核之位置以及周圍皮質區。（圖片來源：J. H. Martin: *Neuroanatomy: Text and Atlas*, Elsevier, 1989. © 1989 Appleton and Lange. By permission of the McGraw-Hill companies.）

（但當然並非毫無變化）。這些跨物種的比較都只是程度上的問題；雖然我的邊緣結構有別於黑猩猩（希望如此），可是在和魚類的腦部相比時，黑猩猩的腦部跟我就大同小異了。

如果說恐懼之類的基本情緒完全是由邊緣系統傳達，那麼像愛與內疚這些高等認知情緒似乎就牽涉了更多皮質處理。這表示它們比基本情緒更晚演化而成，而高等哺乳動物的新皮質也早就開始擴張了。換言之，高等認知情緒的歷史或許不超過六千萬年，跟大約五億年前就出現的脊椎動物大腦（以及基本情緒）相比之下算是非常年輕。事實上，它們出現的時間很可能還要更晚。

內疚、愛、報復的演化

如果說內疚與愛這類高等認知情緒開始演化的時間還是無法確定，那麼它們演化的原因就更難理解了。雖然我們可以輕易看出恐懼或厭惡等能力如何幫助祖先存活，但要明白陷入愛河或感到內疚的好處就沒那麼簡單。不過某些有趣的論點或許能解釋其實用性。這些論點多半仍屬推測，卻提供了一些深入的見解，讓我們明白擁有情緒可能帶來的助益。

以內疚為例，從表面上其實很難看出天擇為何會賦予我們這種情緒。生活中有許多能夠欺騙的場合——不必付出相應的代價就獲得好處。如果你可以在不被發現的情況下欺騙，那麼最有利的做法當然是欺騙。然而，如果你有良心，事後的內疚想法或許就會阻止你做出欺騙。由此看來，具有內疚能力的動物想必會輸給沒那麼正直的對手，內疚的能力會被天擇淘汰。經濟學家羅伯特．法蘭克（Robert Frank）質疑這種分析。法蘭克認為擁有內疚能力的好處是：大家比較會相信擁有良心的人。他用一個故事來支持這項論點。

假設史密斯與瓊斯兩人想要開一間餐廳，史密斯是位厲害的廚師，瓊斯在管理方面很精明，因此他們可以創辦一家成功的合資公司，如此一來薪水就會比獨自工作更高。可是他們都知道對方有機會在不被發現的情況下欺騙。例如，史密斯可以在食物供應方面收取回扣，瓊斯則能在帳目上動手腳。倘若只有其中一人欺騙，他會賺得很多，另一個人則會更窮。不過要是雙方都欺騙，他們的業績就會比兩個人都保持誠實更差。如果史密斯和瓊斯都能做出有約束力的承諾不欺騙彼此，那麼他們都會獲益。可是他們該用什麼方式提出這種可靠的承諾？光是保證不欺騙並沒有說服力；不正直的人可以輕易許下諾言，也可以輕易違背諾言。

此時內疚就能派上用場。假如欺騙使你覺得內疚，那麼就算知道欺騙不會被發現，你還是會誠實行事。而如果大家知道你是這種人，他們需要值得信任的合資對象時就會找你當夥伴。當然，這取決於一個人能否展現出擁有內疚能力的確實線索。只有當你流露出可靠的信號暗示自己擁有良心（例如在內疚時臉紅），其他人才能分辨誰是無賴，誰又值得信賴。這些信號必定難以偽裝，否則就不可靠了。法蘭克指出，天擇讓人類生來就有某些情緒表達的能力（比如臉紅），就是為了傳達這種值得信任的可靠信號。

生活中還有其他許多必須做出可信承諾的情況。法蘭克將這些情況稱為「承諾問題」（commitment problem），並指出高等情緒能夠解決不同種類的承諾問題。比如必須保證自己不會欺騙的承諾問題，就可以透過內疚的能力來解決。同樣地，法蘭克也認為浪漫愛能夠處理另一種承諾問題——你必須提出對另一個人保持忠實的可靠承諾。例如傑克和吉兒覺得彼此可能是合適的伴侶，卻不願對彼此許下諾言，除非他們能夠確定對方不會在更有吸引力的人出現時一走了之。倘若能知道對方確實已陷入愛河，就可以得到這種保證。如果傑克忠於吉兒的原因是出於他無法「決定」擁有的情緒（因此他也無法決定不擁有那種情緒），而像是心跳加速和難以入眠這類生理信號又確切證實了這種情緒，那麼吉兒就更可能相信他會留在自己身邊，這比他冷靜考量吉兒的優缺點後做出的決定更可信。道格拉斯・耶茨（Douglas Yates）就曾經寫道：「對愛情理智的人不懂得愛。」

另一個承諾問題是傳達出自己會報復的可信威脅。假設你是班上最瘦小的孩子，而班級裡的惡霸威脅要偷走你的午餐，或許你會揚言要揍對方一拳作為報復，但如果惡霸知道你是個理性的人，就不會認真看待你的威脅。畢竟，揍惡霸一拳大概會導致雙方打起架來，而你幾乎輸定了，更慘的是你除了失去午餐，還可能被揍成熊貓眼。不過，要是大家都很清楚你有仇必報，那麼問題就解決了。復仇的衝動會讓你不惜一切報復對方，所以惡霸就會猶豫該不該偷你的三明治。再次強調，情緒似乎會展現一種「整體的合理性」，避免讓人陷入純粹理性。

因此，根據法蘭克的說法，內疚、愛、報復這類高等認知情緒具有非常實用的功能，它們會幫我們解決單靠理性無法處理的承諾問題。然而，這些情緒並非毫無缺點。它們或許能協助我們提出可信的承諾與威脅，但如果有人還是不相信呢？假設我脈搏加速、面紅耳赤，但我的愛情宣言被置若罔聞，那麼我就會陷入無謂的痛苦好幾週、好幾個月，甚至好幾年。同理，就算那位學校惡霸知道我會報復也還是繼續偷走我的三明治，那麼復仇只會害我更慘，不但失去三明治，還會變得鼻青臉腫。

要是我們能夠藉由這些情緒得到好處，就算有人不相信也不會招致危險，那當然很棒。比方說，當我們的追求被斷然拒絕，如果這種因愛產生的痛苦可以立刻消失就好了。或我們能夠提出可信的威脅，讓對方相信而膽怯，但這樣也會讓我們之後的承諾與威脅逐漸失去可信度。為了讓威脅可信，你一定要表明自己是不得已的。看來高等認知情緒免不了會成為雙面刃。

想讓人相信你的承諾與威脅，你就得證明自己即使付出代價也會做到。你必須表現出自己像是上了「手銬」，被迫執行威脅或承諾。我們可以將此稱為「手銬原則」。換句話說，要讓情緒發揮作用，它們就得具備某種必然性，如此一來，當有人不相信你的時候，你就不得不去實現承諾或威脅。這些情緒會把你和你寧願不做的特定行為銬在一起。

此外，這種手銬也必須顯而易見，要是其他人看不到，這樣的機制就毫無意義了。以內疚為例，它的手銬就是像臉紅這類明顯的生理線索。在最好的情況下，當人們看到這類手銬後多半不會認為你在虛張聲勢。當學校惡霸明白你會出於義憤而發作，就不會再碰你的三明治了；可是嚇阻偶爾會失敗，惡霸還是偷了你的三明治，導致你不得不報復。復仇的渴望燃起，迫使你揍了惡霸一拳。要你小心謹慎的理性之聲被憤怒的浪潮淹沒了。

如果爭執雙方都被上了同樣的手銬，此時就會引發另一種危險。這種情況中，只要有一方質疑另一方，結果可能就會導致無限循環的針鋒相對。心理學家史蒂芬・平克（Steven Pinker）用一個寓言來說明這種危險。在偶然的巧合下，故事裡也出現了真正的手銬。

抗議人士試圖阻止興建核電廠，他們躺在通往工地的鐵路軌道上。駕駛出於理性，不得不停下火車。鐵路公司的反制是叫駕駛設定油門讓火車以非常緩慢的速度行駛，然後跳下火車跟著一起走，抗議人士必定一哄而散。下一次，抗議人士用手銬把自己銬在鐵軌上，駕駛不敢離開火車。而抗議人士一定認為駕駛看到他們後會在足夠的時間內停車。於是鐵路公司找了一位近視的駕駛來開下一班火車。

就是這種令人遺憾的邏輯，導致義大利黑手黨家族之間沒完沒了的世仇，以及中東某些區域以牙還牙式的教派謀殺。只要是法律效力薄弱的地方，就會很常見到永無止境的攻擊與復仇。即使很明顯地無關雙方利益，這類行為還是會持續下去，而原因就只是我們生來即有根深蒂固的復仇衝動。正如我們所見，人性會具備這種不幸的特徵，在演化上其實是有充分理由的。如果不報復，我們就很容易遭到利用。

情緒迄今仍然有用嗎？

可是現在呢？報復之類的情緒對處於狩獵採集階段的人類祖先也許很實用，畢竟他們處理世仇的方式是透過棍棒與石頭，不過這在可以自由取得槍枝的世界裡只會適得其反。說不定所有的情緒都是這樣，說不定《星艦迷航記》的瓦肯族在演化競賽中真的超越了我們。邁入高科技世界時，史巴克和同胞摒棄情緒或許才是對的。

達爾文彷彿抱持同樣看法，在探討情緒表達的書中暗示，這些表達以前雖然有用，現今卻不具任何價值。例如，我們憤怒時往往會露出牙齒，就是前人類祖先表現侵略性的一種原始方式，而達爾文似乎認為這就像盲腸——在演化早期出現但已經毫無用處的退化器官。

我們生活的世界和祖先生活的世界在許多方面確實有極大差異。比方說，我們不必隨時面臨被掠食者吃掉的威脅，受到其他人類攻擊的機率肯定也降低不少。如果演化出恐懼的情緒是為了幫助我們避免這些危險，那麼今天的我們少了它或許可以過得更好。過度害怕當然會引發各種問題，像是許多人都想要擺脫的恐懼症和恐慌發作。你不會聽到有太多人因為恐懼感不足這種相反的情況而受苦。然而，會有這種明顯的不明衡，很可能是因為沒有恐懼能力的人早在意識到問題之前就被送進了太平間。恐懼不只保護我們免於掠食者侵害，它也能遏止我們做出一堆魯莽行為——其中有很多可能會致命。恐懼不會讓你看都沒看就穿越繁忙的馬路，也不會讓你在懸崖邊緣跳舞。少了恐懼，生命或許就不會那麼痛苦，但也會被大幅縮短。

憤怒在今日的世界似乎也沒什麼用途。大多數人不會像前人類祖先那樣經常發生肢體暴力事件，所以保留這種用於幫助人類戰鬥的情緒能力到底有什麼好處？有個答案是：你不一定得實際去戰鬥。雖然現今人們的爭端都是透過其他方式處理，但你還是要付出勇氣與決心。永遠不會生氣的人就永遠無法領先。此外，我們不應該誇大讓肢體暴力從世界消失的必要。即使在已開發世界富裕守法的文化中，很多時候我們為了保護自己就只能訴諸暴力。電影《超級戰警》（*Demolition Man*）的背景設定在未來，那時人們已經完全失去憤怒的能力。有個在二十世紀被判處暫停生命的兇惡罪犯甦醒過來後，大家都拿他沒辦法。而另一位被復甦的二十世紀人類抓到這名罪犯，他是警察，就和對方一樣仍然擁有憤怒的能力。

倘若缺乏憤怒會產生問題，那麼憤怒過度同樣也會。路怒症就是個明顯的例子。當路上越來越擁擠，某些駕駛會被壓力耗盡耐性，因為一丁點小事而理智斷線。有時候感到挫敗的駕駛只會按按喇叭，或是咒罵惹到自己的人。然而在其他時候，他可能會跳下車，把另一位駕駛拉出車外，藉由拳打腳踢來發洩怨氣。適量的憤怒會有幫助，但過度的話就會造成大麻煩。

這個原則也適用於其他許多情緒。就連性嫉妒（sexual jealousy）或許也能在極度占有和極度縱容之間找到最佳的中點（見說明４）。情緒的最佳狀態就是剛剛好，不多也不少。亞里斯多德的整個倫理體系就是圍繞在這個簡單概念建立而成。根據其理論，美德是情緒過多或過少兩種極端的中點。例如勇氣就是介於恐懼過多和過少的中點；親切的美德則是在脾氣暴躁與阿諛奉承之間找到平衡。

亞里斯多德的中庸之道概念跟今日心理學家所謂的「情緒智力」極為相似。情緒智力是要在情緒和理性之間找到平衡，不讓任一方完全控制。情緒智力高的人知道何時該控制情緒，以及何時該讓情緒控制。

說明4

嫉妒：好或不好？

性嫉妒的演化就跟其他高等情緒一樣，是為了幫助我們祖先在複雜的社會團體中生存與繁殖。嫉妒會讓他們留意自己的配偶，確保性伴侶不會不履行一起生養孩子的承諾。然而，過度的嫉妒也會像其他情緒一樣產生問題。過於嫉妒會促使人們採取暴力與脅迫的手段，導致另一半離開或甚至死亡。

跟蹤狂通常是遭到拋棄的人，嫉妒會導致他們懷著不適當且令人恐懼的激情去糾纏前伴侶。此類由嫉妒引發問題的例子，很容易讓人認為嫉妒只有壞處。這等於是以偏概全。過多的嫉妒不好，但過少也是種麻煩。如果另一半從來就不會表現出嫉妒，有多少人會覺得對方是真的愛自己呢？

情緒智力也牽涉了正確解讀他人情緒的能力。有人淚如雨下時，要猜出他們的情緒狀態很簡單，然而並不是所有的跡象都會如此明顯。我們經常試圖掩飾情緒，讓人難以猜測自己的感受，但我們往往無法成功控制身體所有不由自主的抽動，這些都會傳達出內心的想法。根據這種細微跡象判斷某人情緒的能力非常難得，但可以透過練習來提升。

現在有越來越多證據顯示，辨識情緒表情的能力會運用到特定神經迴路。這些迴路包含了重要的邊緣結構，像是杏仁核。當這些結構受損，迴路就會中斷，於是辨識不同情緒表情的能力就會減弱。例如，雙側杏仁核受損會降低人們察覺恐懼與憤怒等負面情緒的能力。看來演化不只是塑造了我們感受與表達情緒的能力，還讓我們擁有特殊用途的結構來辨別情緒。

至此，我們應該很清楚這種神經機制的效用。如果不能識別其他人的情緒，許多時候我們就無法將對方的經驗當作借鏡，所以必須辛苦地去學習一切——也就是親身經歷。我們會更難知道可以信任誰。不由自主的情緒信號會傳達出一些最可靠的資訊，讓我們得以瞭解對方的性格。有一項實驗將陌生人隨機配對，讓他們交談三十分鐘。接著他們要在私底下做出一個簡單的決定：要和另一個人合作，或是欺騙。他們也得猜測對方會怎麼做。結果成功率高得驚人。實驗的受試者全都是普通人，在相似的實驗情境中，因為腦部受損而影響察覺情緒線索能力的人，在成功率方面就差了許多。

由此可見，缺乏情緒的人存活不了多久。沒有恐懼的人可能會呆坐在原地，思考那隻越來越接近的獅子到底會不會造成威脅。少了憤怒的人可能會被刻意找碴。感受不到厭惡的人，說不定就會去吃排泄物和腐壞的食物。而無法體會愉悅與痛苦的人，或許就什麼事也不想做——這對生存可不是好事。雖然《星艦迷航記》裡有瓦肯族的存在，但這種人是永遠不可能進化的。

道德情感

缺少情緒的人不只會更早死，他們很可能也不太好相處。情緒似乎深深滲透了我們的道德生活。從亞里斯多德到亞當．史密斯，長久以來有許多思想家都強調：情緒扮演了引導倫理行為的重要角色。我已經提過亞里斯多德的美德概念，也就是在極端情緒之間找到中點。亞當．史密斯也將情緒與道德連結起來，只是方式不一樣。他認為某些情緒之所以存在，就是為了幫助我們做出合乎道德的行為，而目前的演化理論似乎也支持這種觀點。史密斯將這些情緒稱為「道德情感」。

對於情緒和道德之間的關係，其他思想家則有非常不同的看法。霍布斯（Hobbes）相信，天生的情緒傾向幾乎總會導致我們做出自私行為，如果要符合道德，唯一的方式就是超越我們的動物本能，而且根據律法行事。康德（Kant）也提出類似觀點。雖然他不否認情緒有時可以促使我們做對的事，但他同時主張這種由情緒引發的行為並非真善。例如有一個人是基於恐懼才遵守道德律，這就不能稱為真善。根據康德的見解，要讓行為舉止合乎道德，就必須純粹以遵守道德律為目標，毫無情緒地去執行。

這讓我想到只有瓦肯人才會如此冷酷地看待道德。然而遺憾的是，康德這種瓦肯人式的道德觀對西方思想產生了莫大影響。一方面，它鼓勵人們對情緒抱持負面看法，導致現在大家普遍認為：受到情緒驅使的行為會失去其道德價值。這種違背常理的論據有個經典例子，是來自幾年前一位英國的保守黨政治人物。當時反對黨想在社會各階層間以更公平的方式重新分配財富，而為了詆毀這個政策，他指控對手此舉是要鼓吹「嫉妒的政治」。當中隱含的理由很明顯：嫉妒是一種情緒，而且不是非常好的情緒，因此受其啟發的政策一定也不好。然而嫉妒不一定只有壞處。事實上，它可能還促成我們的正義感，激勵我們建立更公平的社會。

思想家伯特蘭．羅素（Bertrand Russell）曾經寫道：「嫉妒是民主的基礎。」它的演化很可能就是為了這種用途，避免長期以小團體形式過著狩獵採集生活的人類祖先發生過度不平等的情況。或者它的演化就只是為了讓人為自己爭取更多。總之，嫉妒是人性的一部分，政治人物不能立法禁止它存在。我們所要做的是決定該怎麼表達它，要不就是透過財富重新分配，要不就是透過暴力與偷竊。

另一方面，康德式的道德觀也讓人們對於「如何做出道德決定」一事產生誤解。根據所謂的道德律理論，在判定何種做法具有高尚道德時，我們要針對特定情況運用一套準則，就像是在解決數學方程式。這樣的觀念促使哲學家萊布尼茲（Leibniz）夢想打造一種機器來替我們套用規則，從而將所有的道德決定自動化，最後消除掉我們道德生活中的所有不確定性。如果想知道一件事是對或錯，我們只要查詢自己的道德電腦就行了。

道德演算法的幻想至今仍深刻影響著對於道德行為的心理研究。針對兒童如何發展道德推理（moral reasoning）能力的理論，主要還是認為發展關鍵在於學會一套規則。《星艦迷航記》又為我們體現了此概念，不過這次的角色來自電視劇《銀河飛龍》（*Star Trek: The Next Generation*，背景設定在《星艦迷航記》的時空）。劇中的百科（Data）少校為仿生人，是一種跟我們人類幾乎沒有差異的機器人。在百科的矽腦裡有個專門處理道德行為的軟體。有一集的劇情是這個「倫理副程式」失靈了，結果百科就突然變得不會體諒別人，後來還產生心理變態的狀況。

心理變態者確實莫名缺乏道德感，但這不是因為他們少了「倫理副程式」。我們大多數人擁有（而心理變態者缺少）的道德能力，並非來自電腦程式指令般的規則，而是源於同情、內疚、驕傲之類的情緒。因此，兒童道德能力的發展，不能光靠教導他們一套戒律或準則，更要培養好他們的情緒能力。心理變態者其實非常擅長運用規則。如果不以道德情感來引導道德推理，你就只會照本宣科，不懂得傾聽心靈的聲音。

情緒對道德的作用是很活躍且不斷進步的研究領域。此領域中最有趣的一些研究是以羞愧、內疚、尷尬、驕傲為主題。這些都是「自我意識情緒」（self-conscious emotions），由自我反思（self-reflection）和自我評價（self-evaluation）

所引發。而自我評價不一定要很明確並意識到，它可以是非言語的，也可能未被察覺。總之，這些情緒的主體是自我。

不少人會把「羞愧」與「內疚」當成同義詞，然而現代的研究者往往試圖加以區別。許多研究顯示，羞愧跟內疚所導致的行為其實不一樣。羞愧會促使人們否認，隱瞞或逃避會引發羞愧的情況，內疚則會讓人坦白、道歉並彌補自身過錯造成的後果。因此內疚像是較具適應性的情緒，有益於個人及其關係，羞愧卻經常為情緒者及其週遭人們帶來傷害。尤其是性虐待的受害者，他們通常會被羞愧感糾纏，以致於產生憂鬱和創傷後壓力症候群。

研究者在探討情緒對道德的作用時，不是只著重於內疚與羞愧這種不愉快的情緒。他們也會研究愉快的感受，像是驕傲、振奮、感激。眾多實驗結果都指出，感激之情能夠強化心理韌性、促進身體健康，並且提升日常生活的品質。因此當某人感謝你，對方藉由表達感激所得到的好處說不定比你還多。

正向情緒的心理學是當代活躍的研究領域。我們會在第三章探討幸福心理學的一些主要發現。

第三章

如何獲得快樂？

會讓人愉悅或痛苦的事情實在太多了。看到美麗的夕陽、性愛、吃冰淇淋、聆聽巴哈的清唱劇，這四種活動非常不同，卻都能引發愉悅。另一方面，弄丟你最愛的泰迪熊、考試不及格、聽聞所愛之人的死訊，這些都會造成痛苦。在這些令人眼花繚亂的眾多因素背後，是否有任何模式？

為了回答這個問題，心理學家針對快樂的因素彙整出一個龐大資料庫。快樂跟愉悅不同，但關係密切。愉悅是一種基本情緒，就跟其他基本情緒一樣，每次出現都只會維持幾秒，幾乎不超過一分鐘。快樂是一種心情，持續的時間長許多——從數分鐘到數小時。心情造成的背景心態會提升或降低我們對情緒刺激的敏感程度。例如，心情快樂時，我們聽到好消息的反應可能會很愉悅，心情難過時，我們的反應就不會這麼強烈。反過來說，心情難過的人聽到壞消息可能會哭，心情快樂的人大概就一笑置之。心情焦慮時，我們比較會受到驚嚇，而煩躁的心情會使我們更容易生氣。

快樂比愉悅更重要，因為快樂持續得比較久，也比較可能讓人感受到愉悅。

看到美麗夕陽的愉悅很短暫，不過這種體驗可能會讓我們好幾個小時都處於快樂的心情之中。心理學家在研究一般生活滿意度時，調查的即為快樂而非愉悅。世界快樂資料庫（World Database of Happiness）就整合了數百項針對生活滿意度的調查結果。

仔細查看這個資料庫，你會發現的第一件事就是：物質財富不一定能帶來快樂。科學研究似乎證明了金錢買不到滿足這句老話。當然，一定數量的金錢是可以幫助你避免遭受最常見的不快樂因素，例如挨餓與缺乏醫療，但想要過著快樂的生活，可不是只有避開痛苦和飢餓那麼簡單。

然而現今卻有許多人執迷地認為：取得物質財富是解決自己所有問題的關鍵。因此大家才會夢想贏得樂透。要是人們看過針對獲得大獎的贏家做的研究，或許就不會有這種夢想了。研究顯示，贏得樂透並不會帶來長久的快樂。因為樂透而獲得巨額財富的人之中，只有少數覺得生活滿意度提升，大部分贏家的興奮感很快就會消退，變得跟之前沒兩樣。本來就快樂的人會回到原先快樂的狀態，憂鬱的人也會繼續憂鬱。

迅速致富幾乎不會帶來長久的幸福。一開始的亢奮逐漸消失後，你可能還會變得比先前更不快樂。至少亞當．史密斯是這麼認為的（見說明5），不過近來有些研究對此概念提出質疑。史密斯主張，突如其來的好運（金錢或其他事物）可能會適得其反。

強尼．艾斯（Johnny Ace）的故事即為一例。他是位搖滾明星，在一九五二年推出第一首單曲就登上冠軍，因而聲名大噪。他接下來的三張唱片也都立刻大受歡迎。突然間，一位無名傳教士之子變成了搖滾巨星，接著好運就用完了。他的第五支單曲表現不錯，可是沒有先前好，他的第六張唱片甚至沒擠進排行榜。一九五四年聖誕夜，強尼用一把左輪手槍轟爆了自己的頭。根據一位目擊者的證詞，當時他只是拿著槍開玩笑。但更可能的是，突然成名導致他來不及準備好面對挫折，不像其他樂手在職業生涯早期就已經習慣應付這種情況。

說明5

亞當．史密斯論好運的危險

當一個人的命運突然劇烈變動，生活狀態比先前大幅提升，他應該就要知道來自好友們的祝賀並非全都出自真心。一位暴發戶即使具有最好的優點，往往還是遭人厭惡，而妒忌感通常會讓我們無法對他的愉悅由衷共鳴。只要他有判斷力，就能意識到這一點，所以他不會為了好運而興高采烈，反倒是盡力壓抑欣喜……這麼做很難成功。

我們會懷疑他是否真正謙遜，他也會對「克制態度」一事越來越厭倦。因此，要不了多久，他大概就會拋棄所有老朋友，除了某些肯低聲下氣成為他跟班的卑鄙傢伙之外；他也不一定會結交新朋友，新的人脈會因為他與他們平起平坐而覺得自尊心受辱；當老朋友發現他變得高人一等時也會如此：只有以最固執且最始終如一的方式保持謙遜，才能夠彌補雙方感受到的這種屈辱。他多半很快就會厭倦，而其中一方因自尊展現出的惱怒與懷疑，以及另一方的無禮蔑視，會導致他刻意地忽視前者，暴躁地對待後者，最終變得日漸傲慢，失去所有人的尊敬。

我相信人的幸福主要來自被愛的感受，倘若真是如此，那麼突如其來的好運對幸福幾乎毫無助益。能夠循序漸進邁向偉大，才是最幸福的人……

出處：亞當・史密斯，《道德情感論》（1759）

假如物質財富和意外好運無法帶來快樂，還有什麼可以呢？根據快樂資料庫的調查，最可能讓你快樂的事物是健康、好友，尤其是和諧的家庭關係；與父母、孩子以及伴侶和睦相處就是快樂生活的關鍵。比起贏得樂透，穩定的戀愛關係更可能帶來長久的愉悅。再次強調，那些老生常談實在太貼切了。

如果快樂的關鍵是擁有並維持良好關係，那麼難過的主因就是無法實現或失去良好關係。雖然損失一大筆錢會讓你難過，但失去所愛之人會讓你更難過。要是失去會令人難過，那麼最痛苦的事莫過於失去某人而非某件事物：孩子離家、朋友背叛、伴侶死去。

我們在第二章學到，愉悅和痛苦等情緒會形成動機，就像內心的軟硬兼施手法；快樂與難過的心情可能也是如此運作。天擇並未讓我們只想著用什麼方式傳遞基因是最好的，而是給我們感受快樂的能力，再把快樂和「可以傳遞基因給下一代」的事情連結起來。戀愛會讓我們快樂，是因為喜歡戀愛的祖先比偏好獨處的祖先更可能留下基因。這表示讓我們快樂的事，同時也必須是對基因複製有益的事。此種情況維持了數百萬年。

石器時代以前，人類祖先的快樂就來自於能幫助他們傳遞基因的事，例如結交朋友與愛人。然而，過去幾千年裡，技術的發展改變了一切。在所有的動物物種之中，只有人類能夠以人為方式引發歡愉，並且避免不快的心情。這些相關技術讓天擇所設計的快樂方式發生了短路。我們不必浪費好幾個月或好幾年的時間尋找戀人，只要吃個藥就能立刻獲取興奮；我們不再需要做出對傳遞基因有幫助的事就能感到快樂。看來我們已經戰勝了天擇。

談論憂鬱

關於心情，我們的祖先最早發現的技術就是語言。為了刻意營造快樂，人們會以各種方式使用語言，而這些方式對基因傳遞沒有什麼明顯的好處。我會探討三種方法：安慰、娛樂，以及「發洩」。前兩種方式對聽者有幫助，最後一種方式則對說者有益。

早在學會如何說話之前，我們的祖先一定懂得透過擁抱和撫摸來安慰彼此，不過語言發明後，想必他們就馬上發現了提供安慰的新方式——給予慰問和勸告的話語。在這麼做的過程中，他們明白了言詞能夠成為強大的抗憂鬱劑。此種做法已經存在許久，感覺幾乎成了我們的本能。面對心情低落的朋友時，我們自然會嘗試開導他們。當然我們也會把這種語言解藥用於自己，消沉時在心裡輕聲說些鼓勵的話。雖然認知療法（cognitive therapy）將此過程正式化的方式相當創新，但談論自己的做法大概就跟語言本身一樣古老。

認知治療師會教人找出負面想法，並以正面想法取代，藉此讓大家成為情緒的主人而非奴隸。這背後的概念其實很古老，最早至少可以追溯到我們在第一章提過的斯多噶學派。根據斯多噶哲學家的觀察，情緒會影響我們的想法，也會受到我們想法的影響（這點第四章會深入探討）。

如果訓練自我消除那些會引發壞心情的想法，並鼓勵那些能促進愉快情緒的想法，我們或許就可以用某種方式控制情緒狀態，僅靠意志力就能讓自己擺脫憂鬱。可是這不一定每次都行得通。有些時候，情緒也許會強烈到讓我們接受不了其他的想法，因此認知療法對陷入嚴重憂鬱的人不一定有幫助。然而，只要透過訓練有素的治療師，認知療法在治療憂鬱方面也可以發揮等同於百憂解之類藥物的效果。

另一種運用語言使人高興的方法，就是說故事和笑話。我們因演化而形成了對社會資訊的渴望，故事迎合了這種渴望，但卻是藉由非真實的內容給予我們滿足。從演化的觀點來看，這其實很奇怪。

有些人主張，語言的演化是為了讓人類祖先交換社會團體裡其他成員的資訊，倘若真是如此，那麼在獲得這種資訊時，我們就得信其為真，情緒才能夠滿足。追求虛假資訊並以此為樂的做法並不會帶來多少演化優勢，不過這似乎正是人類普遍喜愛小說與戲劇的主因。

更難理解的是，笑話所運用的幽默感在演化上究竟有什麼好處？心理學家傑佛瑞．米勒（Geoffrey Miller）指出，故事和笑話能夠娛樂我們，事實上是因為它們提供了有用的資訊，這種資訊會讓我們了解講述者的智慧。當某人編造出一個故事，大家就會注意到這個人的創造力。當某人說了一個笑話，就是在展現自己明白什麼可以引人發笑。因此說故事與笑話或許不算技術，而是本能。

情緒的第三種語言技術就是發洩。發洩是指談論不愉快的情緒以使其消失。安慰和娛樂的方法可能跟語言本身一樣古老，發洩出現的時間則相對較晚。雖然人們使用語言「一吐為快」可能已有數千年，但發洩並非只是吐露煩惱而已。這種做法目的很明確，就是要利用語言擺脫不愉快的情緒。來自維也納的醫生西格蒙德・佛洛伊德（Sigmund Freud，一八五六至一九三九）就大幅探索了發洩的概念，認為有時候要擺脫負面情緒的唯一方式就是把它們說出來。為了理解佛洛伊德如何發展出這種觀點，我們必須先稍微離題討論一下情緒的「水壓理論」（hydraulic theory），這似乎是佛洛伊德論點的基礎。

水力學是研究在管道中輸送液體的科學，而情緒的水壓理論則將情感視為精神上的液體，會在心智之間流動，彷彿血管中的血液。每當你聽見有人叫你不要「壓抑情感」或警告你「會在壓力下爆發」，就等於是在運用這種觀點。正如某些液體可以輕易轉換成蒸汽，像是「出氣」這類跟氣體有關的隱喻說法也可以運用在水壓理論中。

情緒的水壓理論最早至少可追溯至法國哲學家兼科學家勒內・笛卡兒（René Descartes，一五九六至一六五〇）。笛卡兒把神經想像成空氣的管道，會將「動物精氣」（animal spirits）的壓力從神經末梢傳遞至腦部，接著再傳給肌肉。這種概念和西方從希臘時代到十八世紀主宰了醫學思維的體液理論（humoral theory）

極為一致。此理論主張，在身體裡發現的四種體液是健康最重要的因素：血液、黏液、黑膽汁、黃膽汁。大多數疾病都是這些體液的不平衡或阻塞所造成。

佛洛伊德在著作中運用了體液的隱喻來討論精神疾患。他表示，心智會不斷地受到原慾（libido）這種精神液體補充，但它也可能遭到阻塞。所謂阻塞是指精神液體無法透過正常的情緒表達管道排出，因此會尋求以其他更危險的途徑釋放，例如身心症狀（psychosomatic symptoms）。換言之，當自然的情緒表達受到抑制，就可能會引發危險的後果。

如果你很憤怒，又無法直接發洩，它是不會消失的。倘若憤怒未能以正常方式排解（像是對惹怒你的人大吼），那麼它就會像毒液在你體內冒出，導致精神疾病。幸好，佛洛伊德認為我們可以藉由其他方式「把它排出身體」，譬如去找心理治療師；積壓到瀕臨爆發的情緒可以得到宣洩，而你也不會違反社會規範或產生精神病。

談論自己的感受有如一種安全閥，能夠釋放心理壓力，就像替堵塞的管道排出多餘的蒸汽，而這種概念偶爾也稱為情緒的「淨化理論」（cathartic theory）。只要能讓你「把它排出身體」的方式都有「淨化」作用。淨化（catharsis）是希臘術語，在亞里斯多德的《詩學》（*Poetics*）中扮演了核心角色，然而這個詞在當時具有非常不同的意義。它跟情緒的水壓理論毫無關聯。這個詞目前的用法出自佛洛伊德，意指排出他所假設的「精神液體」。結果，佛洛伊德不經意地讓大家誤以為情緒的水壓理論源於古希臘。這絕非事實。雖然關於亞里斯多德的淨化之意至今仍有爭議，但我們知道它指的不是「宣洩情感」。

哲學家瑪莎．納思邦（Martha Nussbaum）主張，亞里斯多德把淨化視為一種智力活動，而情緒與人類行為的關係會在一系列的經驗與反思中得到淨化。亞里斯多德認為，劇場就是練習淨化的完美場所，原因或許是它能讓我們以社會學家湯瑪斯．謝夫（Thomas Scheff）所謂的「最佳審美距離」（best aesthetic distance）去感受情緒。假如我們直接陷入強烈的情緒中，它可能會壓得我們無法從經驗中學習。反過來說，要是我們跟情緒事件太過疏遠，它就不會對我們產生任何影響。戲劇的作用也許就是提供一種情境，讓我們得以在安全距離下體驗情緒，學會在未來以更好的方式處理它們。

如果情緒的水壓理論不是源於古希臘，跟亞里斯多德的淨化概念也沒什麼關係，那麼它到底來自哪裡？先前提過，它有某些要素可以追溯到疾病的體液理論以及笛卡兒將神經當成氣動泵的觀點。然而把語言表達情緒視為一種安全閥的看法卻是更晚才出現。自從佛洛伊德在二十世紀初讓這種想法普及，它便越來越受歡迎，至今已成為許多西方國家的普遍見解。

我們會用一種得意的優越感去看待維多利亞時期那些固執的人物。現在大家都很重視「情緒素養」（emotional literacy）。無法坦率談論自身感受的人會被當成心理不成熟，而壓抑情緒為主的做法已經是過往時代的觀念了。不過，心理學家也逐漸明白情緒的水壓理論其實過於簡化。在需要自發表達情緒時，這個理論或許非常實用。可是在其他時候，它就會造成傷害。

近來的證據顯示，在錯誤的時機談論情緒可能會導致危險。這類證據來自一種稱為「減壓」（debriefing）的心理療法。許多西方國家會為創傷事件的受害者提供減壓治療。只要發生重大災難（例如鐵路事故或劫持事件），諮商師就會和緊急服務人員一起前往現場。在醫生處理完受害者的身體傷害後，諮商師會接著處理他們的「心理傷害」。治療的方式包括回憶創傷事件，以及談論事件引發的所有感受。

雖然減壓在許多方面都和典型的佛洛伊德精神分析相異，但基本概念卻是一樣的——談論負面情緒應該能使其消散而不造成傷害。倘若如此，在創傷事件後立即接受減壓治療的人所經歷的長期症狀，應該會比未接受治療的人更少。不過根據心理學家喬．芮克（Jo Rick）的說法，結果卻正好相反：減壓其實會使情況更糟。在一項針對交通事故受害者的研究中，她發現接受減壓治療的人，在事故一年後比未接受治療的人更常閃現意外畫面，也更會感到恐懼。

過去幾十年的腦科學研究，讓我們現在很清楚為何談論創傷記憶可能會導致情況加劇。倘若置之不理，壞的記憶並不會如佛洛伊德以為的那樣惡化，就像未經治療的傷口。它們反而會經由一種所謂「消弱」（extinction）的過程逐漸淡去。相比之下，負責將記憶編碼的神經迴路，要是因為我們敘述當初的經歷而一再重新啟動，消弱就無法發揮作用。談論舊記憶不會促使它們消失。相反地，這麼做會讓它們繼續存在，而亞當．史密斯早在神經科學家發現消弱的過程之前就認清了這一點。他於《道德情感論》中指出，「講述自身不幸時」，那些尋求同情的人「會在記憶中回想起引發痛苦的境遇。因此他們更容易落淚，也更可能陷入悲傷」。

快樂的感覺途徑

除了語言之外，人類在追尋通往快樂的捷徑時，也找到了許多其他的心情技術，色彩的運用即為一例。數千年來，人類不斷運用格外明亮的色彩來裝飾自己的身體與環境，這些色彩會刺激我們的視覺系統，就有如巧克力刺激我們的味蕾。自從發現人工染料後，我們就一直在利用明亮色彩的情緒效果，例如我們的祖先於大約十萬年前就會在身體塗上土紅色。

色彩幾乎不會直接影響我們的情緒。在某些精神疾患中（比方說自閉症），特定的明亮色彩也許會觸發恐慌，不過對大多數人而言，色彩只會透過它對心情的作用間接影響情緒。待在紅色的房間裡不會讓我們生氣，但可能使心情逐漸變得暴躁，導致我們容易發怒。義大利電影導演米開朗基羅・安東尼奧尼（Michelangelo Antonioni）有一次將餐廳漆成紅色，好讓演員培養心情演出一些氣氛緊張的場景，可是過了幾週後，他卻發現其他使用餐廳的工作人員變得更火爆，甚至還打起架來。

心理學家尼古拉斯・漢弗萊（Nicholas Humphrey）在色彩對於心情的作用上做過實驗，提出了最具說服力的科學證據。漢弗萊把猴子放進特製的籠子，每一座籠子內都有兩個連通的小房間。當一個房間以藍光照亮，另一個則使用紅光，猴子全都偏好藍色房間，牠們會出於好奇去探看紅色房間，接著立刻退回藍色房間並待在裡頭。如果兩個房間都是紅色，猴子就會在兩邊來回奔跑，無法停在其中一處。紅色會使猴子變得急躁緊張，藍色則讓牠們心情放鬆。

紅色和藍色同樣會對人類產生類似的情緒效應。人們暴露於紅光時，就會血壓升高、呼吸急促、心跳加快。在主觀上，人們在紅色房間會覺得比較溫暖，不過也會更緊張、更暴躁，藍光具有相反的效果。這些反應並非只是受到文化影響而成；兩歲大的嬰兒在藍光下比在紅光下更容易安撫，這表示我們對於色彩的情緒反應至少有一部分是天生的。

可是天擇為什麼要把我們的心智設計成這樣？喜好特定色彩或厭惡其他色彩跟我們祖先的生存到底有什麼關係？紅色能發揮溫暖的作用，是不是因為人類祖先的兩種熱源——陽光與火光——都會發出這種顏色？既然如此，紅光會引發焦慮的特性又是怎麼回事？

無論我們生來就對色彩有所偏好的原因為何，大自然其實很少會出現只有一整片單色的場景。雖然鮮明的夕陽偶爾會把天空塗成濃淡一致的粉紅色或紫色，不過自然之美通常都是鑲嵌而成的。

在觀者看來，孔雀的尾巴和美麗的景觀就像無數種顏色，而不是像安東尼奧尼的紅色餐廳那樣只有單一色彩。從自然環境抽取某一種顏色用於牆面與照明，使其充斥整個視野，就會增強該色彩的自然作用。在生物學的術語中，人工色彩是「超常刺激」（super-stimuli），它們會藉由符合自然所演化出的偏好來達到效果，不過方式強烈許多。畫家法蘭索瓦．布雪（François Boucher）認為，與洛可可藝術如霓虹般的鮮豔色彩相比，大自然「太綠也太暗」。

然而，均勻的單色不一定總會比鑲嵌的色彩更能影響情緒。鑲嵌的色彩雖然不單純，卻可以藉由精心安排發揮作用。這種安排所引起的情緒效應因人而異，例如某幅畫可能會對一個人產生深刻的影響，另一個人看了卻毫無感覺。不過我們的審美偏好還是有些值得注意的規律。

如果要在一批抽象畫中選擇，大多數人都會挑出同一幅。除此之外，人們通常也比較喜歡著名畫家的作品，而非使用電腦隨機挑選的畫作。原作必定體現了人類視覺系統覺得最具吸引力的某些特質。雖然目前科學家還不清楚這些特質是什麼，但作品受到歡迎的畫家一定具備了某種直覺的審美觀。正如風景畫家約翰・康斯塔伯（John Constable）所言，繪畫是一門科學，而畫作就是實驗。抽象藝術和具象藝術都著重藝術家的技巧，儘管這就只是要分辨哪些實驗行得通，哪些行不通。

我們可以安排各種色彩製造出賞心悅目的畫面，同樣能利用不同頻率的聲音譜出動聽悅耳的旋律。音樂就如同視覺藝術，是一種純粹為了創造愉悅而直接利用人類知覺能力的技術。以心理學家史蒂芬・平克（Steven Pinker）的話來說，音樂是「用聽的乳酪蛋糕」；對莎士比亞（Shakespeare）而言，音樂也是愛的食糧，這表示除了愉悅之外，音樂也能為情緒提供燃料。

音樂也和視覺藝術一樣，通常是藉由改變我們的心情來間接影響情緒。超級市場不會播放輕柔的音樂讓我們直接感到快樂，這樣達不到目標，畢竟超市老闆可不希望你光是聽到音樂就滿足了。他們想要的是利用音樂放鬆你的心情，讓你更能引發快樂的想法，例如期望吃到某個昂貴巧克力蛋糕的愉悅感。

莫札特（Mozart）的許多作品幾乎都能讓聽眾產生好心情，例如《小夜曲》（*Eine kleine Nachtmusik*）。這種情況甚至適用於對古典樂不太熱衷的人，可見厲害的作曲家能夠找到我們共通的音樂偏好，就像厲害的藝術家懂得運用我們共通的視覺偏好。神經科學家發現，古典樂曲比隨機排列播放的音符更能讓大腦不同區域的神經元同步發射訊號。然而我們會對旋律有這種感受的原因仍是個謎。

人類和靈長類動物擁有高度發展的視覺系統，緊接著是聽覺系統。其他的感覺模態就沒這麼複雜，或者至少是我們比較無法察覺其複雜性。因此在運用感官的心情技術中，我們最重視能夠滿足視覺和聽覺的藝術與音樂，而訴諸其他感官的方式就沒那麼高的地位。可是大家並未忽視嗅覺、味覺、觸覺等感受。雖然我們還不太清楚各種氣味的情緒效應，不過芳療師已經發展出一些有趣的分類法。

香水產業就是以氣味的情緒力量為基礎，許多宗教（從佛教到基督教）的信徒也都會為了打造適於冥想的心情而焚香。

對於觸覺的情緒效應則比較好理解。被他人撫摸時，大腦會產生天然的麻醉劑，促使心態放鬆。這項演化或許源自五百萬年前左右，當時我們還是靈長類，而人類跟黑猩猩也有共同的祖先。這些靈長類可能很重視理毛，就像現代黑猩猩每天都會花上幾個小時為彼此清除毛髮中的蜱蟲。理毛不只是為了替其他黑猩猩去除寄生蟲，這也是一種明確表示友好的方式。我們毛髮濃密的祖先偏好透過這種方式尋求朋友，不喜歡被理毛的成員，在陷入衝突時就會找不到盟友。

視覺藝術會運用我們演化出的視覺偏好，按摩則運用我們演化出的觸覺偏好。按摩是一種古老的技術，正如同藝術和音樂。古埃及人就有這種做法，而古希臘名醫希波克拉底（Hippocrates）也建議醫生要「對許多事熟悉，尤其是按摩」。今日，正統醫學已經開始重新發現按摩的治療價值，數十年來有許多替代療法都將其納為重點。

烹飪可以視為一種味覺的心情技術。它藉由各種方式處理天然食材，並搭配歷久不衰的食譜來運用自然的味道，就像繪畫和音樂會運用自然的色彩與聲音。烹飪將自然的味道提升為超常刺激，比自然更能夠逗弄誘惑我們的味蕾。如果說草莓的美味來自其香甜，那麼廚師就能夠製作出加倍甜美可口的東西，比如草莓冰淇淋。不過此時天擇就會報復，因為我們竟敢不依循大自然所安排好的曲折路線，而是抄捷徑達到快樂。

大自然給了我們一種差勁又單純的機制，讓我們藉由「嗜吃甜食」來獲得葡萄糖，同時又要面臨攝取過多的風險。在石器時代，這不會造成什麼問題，畢竟糖分多半來自水果，也算稀釋過（蜂蜜是明顯的例外）。然而現今的糖分卻是以甜點和糖果等濃縮成塊的形式出現，所以我們對糖的渴求可能就會導致嚴重健康問題。目前肥胖在許多富裕國家即將達到流行病的程度，主因就是兩種要素的危險組合：我們演化出對大量糖分與脂肪的渴望，以及烹飪這項新穎的技術。

運用味覺的心情技術旨在刺激味蕾，或是在消化過程更下游的部分產生其他化學效應，藉此引發良好的心情。巧克力能夠有效改善心境，大部分的含糖食物和飲料也是。不過研究顯示，雖然多數人在吃完巧克力棒時會覺得更樂觀更有活力，但這種效應很快就會消退，一個鐘頭後，他們的感覺甚至會比吃巧克力之前更糟。茶與咖啡也有類似的作用，能夠短暫提升心情，維持稍長的時間才減弱。幾乎所有藥物都能造成這種效果。

事實上，食物跟藥物很難明確界定，甚至到了今天，科學仍無法區別藥物和我們攝取的其他各種物質。如果我們吃某種東西主要是為了作用於精神，並非出於營養或味覺等目的，那麼它就稱為藥物，可是大多數食物和飲料也都會對你的心態造成某種影響。例如，茅屋起司和雞肝都富含色胺酸（tryptophan），這是大腦用來製造血清素（serotonin）的化學物質，跟好心情有所關聯。因此我們最好把藥物視為由食物逐漸演變成的結果，而非當成完全不同的類別。

透過化學改善生活

藥物大概是通往快樂最直接的捷徑。對於陷入嚴重憂鬱的人，藉由化學獲取快樂可能是唯一的途徑。即使如此，許多人在別無他法時，還是很不願意請醫生開立抗憂鬱劑。這些人對於喝酒也許沒有疑慮，但一提到要用改變心情的藥物來治療，卻又令人不解地感到厭惡。他們覺得憂鬱必須自己克服，利用藥物處理憂鬱就等於是某種道德感薄弱的表現。精神病學家傑瑞・克勒曼（Gerald Klerman）創造了「藥理學喀爾文主義」（pharmacological Calvinism）一詞來指稱這種對於抗憂鬱劑的反常態度。

無論改變心情的藥物是用於治療（例如醫生為憂鬱患者開了百憂解）或娛樂（例如派對上吃搖頭丸），其中的化學作用都很類似。百憂解跟搖頭丸都可以增加血清素，某些人因此主張血清素就是快樂的化學基礎。根據這項理論，腦中的血清素較多時，我們會有好心情，而當腦中的血清素減少，我們就會憂鬱。然而，此理論的證據相當不一致。雖然有人主張自殺者的大腦會耗盡血清素，不過研究並未發現憂鬱症患者的血清素系統有異常。

此外，百憂解這類抗憂鬱劑和搖頭丸等娛樂性藥物，同樣都能夠迅速提升腦中的血清素濃度，通常只需要一兩個鐘頭，可是憂鬱症患者卻必須每天服用百憂解，持續二至三週後才會感受到症狀減輕。可見心情好壞不只取決於腦中的血清素多寡。儘管許多製藥公司認為，簡單且誘人的血清素假設非常適合用來推銷產品，也因此宣稱相關效用，但目前我們對於抗憂鬱劑的了解仍處於起步階段。

除了血清素以外，腦中的多巴胺（dopamine）和正腎上腺素（noradrenaline）等其他化學物質對心情也有很大的效果。會影響這些化學物質的藥物，也能夠用於改變一個人的情緒狀態。古柯鹼與安非他命都會使腦內的多巴胺跟正腎上腺素增加，乍看之下具有令人興奮的特質。像氯丙嗪（chlorpromazine）等藥物幾乎也能和古柯鹼或安非他命一樣迅速提升這些化學物質的濃度，卻無法使人立即感到興奮，這再次證明了作用於心情的神經基礎必定更為複雜，不是只有往大腦裡倒進多巴胺或正腎上腺素那麼簡單。

正如巧克力、茶、糖，大多數娛樂性藥物改善心情的效力都很短暫，而且興奮過後就會明顯感到失落。雖然在第一波效果消退之前再次服用是有可能維持快感，不過只要你亢奮越久，最後的失落也會更嚴重。為了將這種失落無限延後，有些人會因此成癮，持續用藥讓自己一直處於興奮狀態。長久下去，藥癮就會成為生命中唯一重要的事，其他一切也逐漸變得微不足道。

心理學家詹姆斯・奧爾茲（James Olds）做過一項實驗，在老鼠籠子裡安裝一根槓桿，再用線路連接到植入老鼠大腦獎勵中心的電極。每當老鼠壓下槓桿，電極就會刺激腦部產生一些多巴胺，效用類似古柯鹼。沒過多久，這隻老鼠整天做的就只有重複壓動槓桿，其他什麼都不管——甚至包含食物，就和成癮者一模一樣。

成癮者的身體和大腦習慣藥物後，就必須使用更高的劑量才能達到相同的興奮感。身體長期攝取大量藥物，往往會對許多器官造成嚴重損害。不斷以鼻子吸食古柯鹼通常會導致鼻竇炎、中風、精神病。最容易使人上癮的酒精幾乎會影響所有器官系統，因此酗酒者更容易罹患肝硬化、胃癌、心臟病、失憶症。至於抽菸，尼古丁對身體的毒害其實還不如香菸的其他成分——焦油與二氧化氮，會引發心臟病和肺癌。

為了避免這些危險，藥物使用者多半會控制自己的習慣。就像絕大多數飲酒的人並未成為酗酒者，許多使用大麻、搖頭丸和古柯鹼的人最後也沒上癮。只要適當注意，任何藥物都能在負責任的前提下運用，從菸草、茶再到古柯鹼和海洛英皆然。十九世紀晚期有許多大人物都會使用古柯鹼，其中一種不純的形式還是可口可樂最早推出時的成分之一。維多利亞時期的男士們會在倫敦各處的活動場所吸食鴉片，像是夏洛克·福爾摩斯（Sherlock Holmes）則會注射嗎啡。現今大眾會歇斯底里地看待這類藥物，都是因為當前的管理制度。

任何藥物都會有副作用。就連最新的狡詐家藥物（designer drugs）都會產生意料之外的效果。除了減輕憂鬱，百憂解也可能增加焦慮，至少在治療的前幾週都會如此。另外百憂解還有其他比較輕微的副作用，包括情緒麻木或疏離，以及對他人的情緒需求敏感度低。因此，做為快樂捷徑的藥物其實是雙面刃。以明智且負責的方式運用，它們或許能為生命帶來希望。另一方面，不謹慎使用的人就會面臨成癮的危險。

電影與情緒

在選擇通往快樂的捷徑時，不一定只能在眾多的心情技術當中擇其一，我們可以挑選與攙雜，並根據自身的喜好及價值觀加以結合。浪漫主義者對於混合的藝術形式有極高評價，還為這種組合創造了「聯覺」（synaesthesia）一詞。最典型的例子就是歌劇，它結合了戲劇、詩、音樂、歌曲、舞蹈、繪畫，創造出豐富的感官饗宴。電影、音樂劇和電玩遊戲都可視為聯覺的現代形式。

電影是一種特別強大的心情技術，然而電影理論一直要到最近才較為關注情緒。這種情況改變之後，各學科的研究者也開始探討電影如何引發觀眾的情緒體驗。雖然神經科學家運用了功能性磁振造影（functional magnetic resonance imaging，fMRI）探究大腦對電影做出反應的方式，但這些實驗必須讓觀眾躺進陌生的機器裡。

其他研究者則試圖透過比較實際的設定來捕捉觀眾的反應，例如使用紅外線攝影機偵測觀眾眨眼的動作。科學家希望能夠藉由這類方式明白電影製作的技術細節（例如影格速率和場景結構）會如何影響知覺及認知處理。

這種研究除了讓我們越來越了解電影的吸引力，也可以幫助片廠製作出更棒的電影，但這種情況不一定只有好處。除了提供樂趣與滿足，電影還在意識形態上傳達強而有力的訊息，有時候甚至是以觀眾未察覺到的方式。蘭妮·萊芬斯坦

（Leni Riefenstahl）拍攝的宣傳影片或許就具有明顯的政治傾向，但其他電影安排的方式可能比較細微，因此更有效果。

如果說心理學家可以幫助電影導演拍出更棒的電影，那麼電影導演一定也能夠幫助心理學家更了解情緒。正如心理學家傑佛瑞・札克斯（Jeffrey Zacks）所言，我們在電影製作方面已經累積超過一百年的實驗。這當中包含許多關於感知、記憶和情緒的經驗，對心理學家來說幾乎是未知的探索領域。

第四章

理智與內心

情緒是非常短暫的狀態。大多數時候，我們不會受到恐懼的主宰，也不會被愛沖昏頭。處於這種中立的心態時，我們通常可以相當理性地思考。我們的頭腦清楚，也能輕易察覺拙劣的論點。然而，當我們內心湧現激動的情緒，或是被強烈的心情占據，情況就不一樣了。在這些時候，大腦就會變成內心的奴隸。

人們很早就開始關注情緒會如何影響認知能力。亞里斯多德在談論修辭學的著作中提到，「情感會導致我們改變自己的判斷」。近幾年也有越來越多實驗協助我們找出這些效應的本質。本章將會探討與此相關的三種認知能力：注意力、記憶力、邏輯推理。

心理聚光燈

心理學家將關注特定想法或活動的能力稱為注意力。注意力就像聚光燈，可以照射出不同的心理活動。即使心中千頭萬緒，我們還是可以讓心理聚光燈一次只聚焦在一件事上。我們全神貫注在填字遊戲或困難的計算時，其他念頭就會逐漸消散。情緒則會打斷我們的想法，將注意力轉移到別的地方。爆炸的聲響會引發一陣恐懼，讓我們忘記正在做的事，專注於危險的來源。

聚光燈聚焦的程度有高有低。聚焦程度最高的時候，會有一道非常明亮的光線照射在一塊非常狹小的區域上。失焦的時候，燈光會照亮比較大片的區域，但光線的亮度就沒那麼強。注意力也是如此。當我們放鬆且未受到特定情緒控制，心理聚光燈就像處於失焦狀態，因此可能會有較多的想法從意識之間漂流而過。然而當情緒出現時，我們的心理聚光燈就會突然收縮，聚焦在一個微小的念頭上，排除其他一切想法。這個念頭通常就是會引發我們情緒的外部來源。例如，我們害怕時，心理聚光燈會聚焦在讓我們恐懼的事情上。憤怒會讓我們一直想著害自己生氣的事。愛會讓我們除了愛人之外難以去思考一切。

大家往往認為情緒會使我們分心，所以「情緒能幫助我們專注」的說法聽起來可能很奇怪。但這並非矛盾，情緒讓我們從某個想法分心，只是為了將我們的注意力轉移到另一件事。

情緒也會受到心情影響。你應該記得，心情跟情緒並不相同。心情通常會比基本情緒持續得更久，並在情境下運作，加強或降低我們對情緒刺激的感受。心情也會像情緒一樣強迫心理聚光燈收縮，但程度大概不像情緒那麼強烈（快樂或許是個例外，它會放大我們的注意力，卻又使聚光燈的光線擴散）。雖然人們在心情焦慮時通常只會關注自身的安全，不過他們還是能夠思考一些其他的事，這點就和處於恐懼的人不一樣。

跟情緒相同的是，心情同樣會讓我們專注在引發心情的事物上。心情煩躁時，我們可能會怨恨地想著最近惹惱自己的人。然而有些時候，主宰著我們的心情，可能不會讓注意力特別集中在任何事情上。我們可能會在不知道原因的情況下陷入焦慮，不過這種「沒來由」的焦慮還是會影響注意力。它不會強迫我們聚焦在特定的想法，而是清理思緒，促使我們注意周遭的世界。如果我們在深夜走進陰暗的巷子，焦慮的心情會讓我們留意威脅，如此才能在意外真正發生時更快做出反應。威脅不一定是實體的，任何可能阻止你達成目標的事都算是威脅。

不過，假設你的目標是在摯友婚禮上說一段動人的致詞，那麼最大的威脅可能就是你會因為緊張而結巴。於是焦慮的心情會促使你注意致詞時是否流露出絲毫的猶豫。當然，要是你發現這種猶豫，你只會變得更加焦慮，接著可能陷入緊張而結巴。在這類場合，焦慮只會適得其反。

心理學家曾藉由「情緒史楚普測驗」（emotional Stroop test）來研究焦慮對於注意力的影響。最初的史楚普測驗其實和情緒毫不相干，內容是讓人們觀看以不同顏色印刷的文字，接著請他們說出顏色是什麼。研究人員會精確記錄受試者在螢幕出現文字後提出正確答案的時間。測驗的特別之處在於：有些文字的字義與顏色相符，而有些文字印刷時使用的顏色則和字義不同。發生這種情況時，人們會稍微感到困惑，因此反應時間也比較慢。當墨水的顏色與字義符合，人們就能較快說出正確答案——例如以紅色墨水印出「紅色」一詞——反之則不然。

情緒版的史楚普測驗中沒有顏色的名稱，而是使用強烈的情緒字眼，但跟原版史楚普測驗相同的地方是：仍會以不一樣的墨水顏色印出文字，並請受試者說出墨水的顏色。人們看到強烈的情緒字眼時，通常會花更多時間才能說出墨水的顏色，而看到情緒中立的字詞則反應較快。當然，不同字詞會對不同的人引發不同的意緒和意涵。例如，跟強暴有關係的文字，會讓強暴受害者比其他人更容易情緒激動。情緒史楚普測驗中也出現了這種情況。

有一項研究發現，比起其他人，強暴受害者在看到跟強暴有關的文字時，說出墨水顏色的反應時間會慢上許多。由此可見，跟創傷經驗相關的文字所引發的焦慮，會讓人將注意力集中在文字的意義上，因此就難以關注次要的細節，像是印刷文字所使用的墨水顏色。

情緒與記憶

除了影響注意力，情緒和心情對記憶也有很大的作用。我們將某件事存放到記憶的時候，不會把一切內容鉅細靡遺記錄下來，而是只用幾個關鍵字加以歸檔。當我們想要從記憶中回想某件事，就會擷取這些關鍵字，再根據經驗猜測並填補剩下的內容。因此，回憶都是不精確的。這比較像光靠幾個碎片復原一件古董，而不是播放一部老電影。雖然有些記憶似乎栩栩如生，讓我們覺得好像又再次經歷了那件事，但這只是我們以想像力重建出的一種幻覺。當我們和同時在場的其他人比對這些回憶，可能會發現彼此的說法差異甚大，而每個人似乎都會覺得自己的版本很生動真實。

我們在事件發生當下的情緒狀態，以及在回想事件當時的心情，都會影響回憶的難易和準確程度。佛洛伊德認為，引發負面情緒的事件會因為受到「壓抑」而較難回想起來，不過事實上情況正好相反。創傷記憶不會像佛洛伊德所想的那樣退縮到腦中某個陰暗角落。它們反而會持續闖進意識，在我們想要忘掉的時候使人心緒不寧，甚至擾亂我們的夢。嚴重的情況會被視為「創傷後壓力症候群」（post-traumatic stress disorder），症狀特徵是清晰地閃現回憶，讓人鮮明而痛苦地再次經歷創傷事件。

情緒可以將事件更深刻地烙印在我們的記憶之中。比起讓人情緒中立的事件，只要是能引發強烈情緒的事（無論正面或負面），回想起來都更加容易，內容也更準確。有一項研究讓三組學生觀看一套共十五張的投影片，每一張內容都是你走路去上班途中可能會見到的場景。每一組學生看的都是同一套投影片，除了第八張有三個不同的版本（見圖3）。

在一個版本中，有個女人在騎腳踏車。另一個版本裡，同一個女人將腳踏車扛在肩上。第三個版本的女人則是躺在路邊，腳踏車倒在身旁，看起來像是她被車撞倒了。而在回想見過的畫面時，看到女人倒地的這一組明顯比其他組更記得住她外套的顏色，不過他們在回想其他細節時表現就差得多，例如遠處那部車的

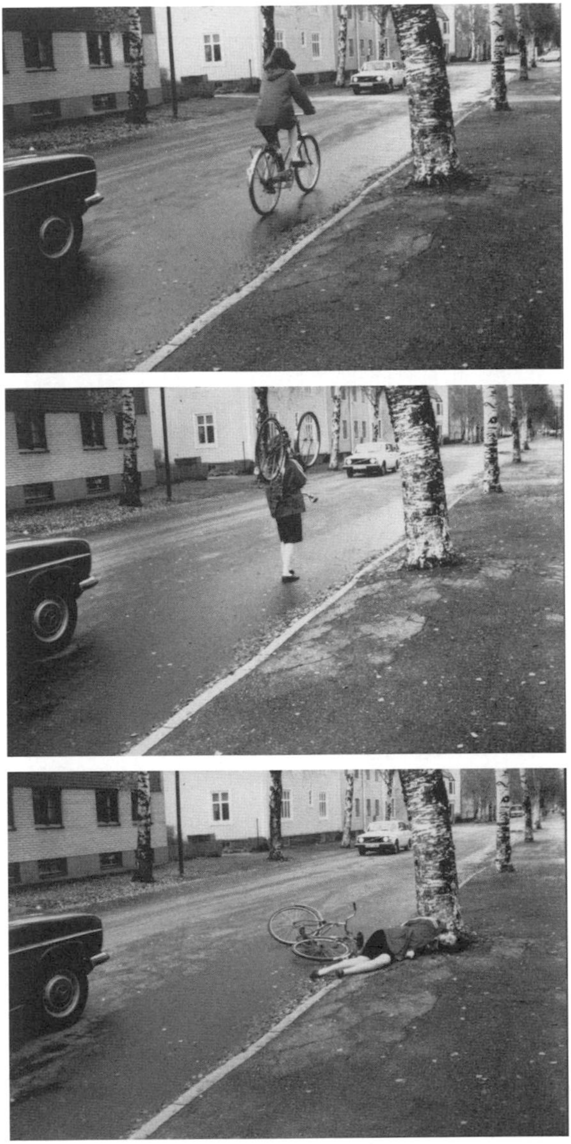

圖3・克里斯汀森與羅芙特斯的第八張關鍵幻燈片的三個版本。（圖片來源：Reproduced with permission from Christianson, S. A., Loftus, E. Remembering emotional events: The fate of detailed information. Cognition and Emotion, 5, 81–108. Copyright © 1991 Taylor & Francis.）

顏色。這意味著：人們在情緒激動時比情緒中立時更能記住事件的關鍵特徵，而其他特徵就會較快被忘記。

我們在回想某件事時，當下的心情也會影響回憶的難易及準確程度。心理學家戈登．鮑爾（Gordon Bower）做過的許多實驗都顯示，當我們心情愉快時，回想快樂的事件就會比回想不快樂的事件更為容易，內容更準確。而當我們心情難過，情況就正好相反。這個現象稱為「與心情一致的回想」（mood-congruent recall）。

在一項實驗中，鮑爾請受試者回想童年時期的任何事件，並且個別描述。隔天，他讓處於中立心情的同一群人將每個事件標記為愉快、不愉快、中立。再隔一天，他藉由催眠暗示刻意使每個人處於快樂或難過的心情，接著請他們盡量回想那些事件。鮑爾發現，心情好的人記得許多他們標記為愉快的事件，但標記為不愉快的事件卻記得較少。另一方面，心情差的人則回想起更多不愉快的事。

針對「與心情一致的回想」，可能的解釋是：事件存放於記憶時，會被加上一種情緒標記，代表著我們在事件發生時所感受到的情緒。當我們從記憶中回想事件，帶有標記且符合目前情緒狀態的事就會變得比較顯眼。認知心理學教授基思・奧特利（Keith Oatley）和語言學家珍妮佛・詹金斯（Jennifer Jenkins）認為，回想以前那些也會引發類似心情的事件，或許能幫助我們更輕鬆應對眼前的情況。

評斷他人與評估論點

情緒和心情除了會影響注意力與記憶，對於決策跟判斷也有很大的作用。舉例來說，我們對其他人的看法，往往會受到見面時當下的心情所影響。比起心情差的人，心情好的人可能會用比較肯定的態度來看待同一位對象。

在一項實驗中，研究人員讓學生參與模擬測試，再告知其成績極佳或極差，刻意藉此讓他們心情好或心情不好。接著他們就要擔任面試官，詢問面試者一系列預先安排好的問題，例如「你最重要的特質是什麼」。這些學生不知道面試者是實驗的一部分，也不知道對方給的答案全都一模一樣。回答的內容會故意含糊其詞，同時展現面試者的優點（「我很親切」）與缺點（「我很倔強又沒耐心」）。隨後，學生就要從個人及專業角度評估面試者的表現。雖然得到的答案都一樣，但心情好的人果然比心情差的人更能夠正面看待面試者，而且心情好的人也比較願意僱用面試者。

心情快樂或難過並非是影響我們如何看待他人的唯一因素。焦慮也會發揮作用。然而，焦慮影響這種判斷的方式其實相當出人意料。心情焦慮並不會使我們對陌生人抱持負面的看法，反倒是讓我們覺得跟對方更親近；至少這似乎是一九七〇年代一項知名實驗的結論。實驗內容是讓一位年輕女子到一座又高又嚇人的吊橋上攔住路過的男子，詢問他們是否願意接受訪問調查。接著她會給他們一張印有自己電話號碼的名片，說她很樂意再跟對方詳細討論調查的結果。當日稍晚，她到一座更低矮更安全的橋上做相同的事。接下來幾天，在可怕吊橋上的男人比安全吊橋上的男人打了更多通電話給女子。焦慮似乎讓他們變得更友好，甚至還可能想調情。

這種源自焦慮的聯繫效應，或許能為「人質會深切關心綁匪」的奇怪現象提供部分解釋。雖然原因有可能就只是人質與綁匪在短暫的關係裡曾經密切相處，但即使如此，持續潛藏在人質心中的焦慮，還是有可能強化其對綁匪的情感。這種焦慮與情感同時發生的狀況似乎違背直覺，不過當中也許有演化上的理由。說不定這是為了幫助我們的祖先在危險情況中互相合作，畢竟人多勢眾。

心情除了影響我們評判他人的方式，也會影響我們對薄弱論點的接受程度。然而此處要考量的，不只是一個人聽到某論點時當下的心情狀態，還包括這個人所能思考的時間。當人們處於中立的心情，或是有許多時間可以思考，就不太會覺得差勁的論點有說服力。不過要是他們心情好，思考的時間又很少，就很容易受到站不住腳的論點影響（而且比較不會相信有力的論點）。如此看來，好心情和趕時間這兩個因素的組合會迫使人抄捷徑，比較容易根據情境線索（例如說話者的名聲）而非邏輯分析來做出判斷。

為了測試此概念，心理學家黛安．麥基（Diane Mackie）和蕾拉．沃斯（Leila Worth）調查了美國學生是否支持加強槍枝管制的問題。半數學生會先觀看從某個喜劇節目擷取的五分鐘片段，藉此引發正面樂觀的心情。其他人則是觀看一段關於酒的節目片段，讓他們保持情緒中立。

接下來每一組都會收到和自己意見相反的槍枝管制觀點。支持加強槍枝管制的人會讀到反對限制的論點，而反對槍枝管制的人讀到的則是支持限制的論點。有半數人會看到薄弱的論點，另一半則看到強而有力的論點。有些學生被告知聽到的論點是由一位專家提出，其他學生則被告知他們讀到的觀點是來自一位一年級學生。除此之外，某些人只有很短的時間可以閱讀論點，其他人則想看多久都行。讀完那些論點後，學生會再次接受測驗，確認他們是否改變了對槍枝管制的看法。

整體而言，好的論點比差勁的論點更能影響每一個人（見圖4）。不過，對於正面心情又沒有太多時間能夠思考的人來說，兩者的差異其實非常小。其他組別都認為薄弱的論點相當沒有說服力，但心情好又有時限的這一組，卻覺得差勁的論點和好的論點幾乎一樣令人信服。後續的測試發現，這個組別在閱讀論點時比其他組更加重視發言者的聲望。心情愉快又時間充裕的人，跟心情差的人一樣覺得薄弱的論點沒有說服力，這似乎表示時間是比心情更重要的變數。然而，當麥基和沃斯比較兩個不限時的組別所花的實際時間，卻發現好心情組花的時間比壞心情組更久。

他們據此推論，好心情會讓你更容易因為差勁的論點而動搖，可是大多數人似乎都明白這一點，所以當快樂減弱了自己的批判能力，他們就會自動以付出更多時間思考加以補強。

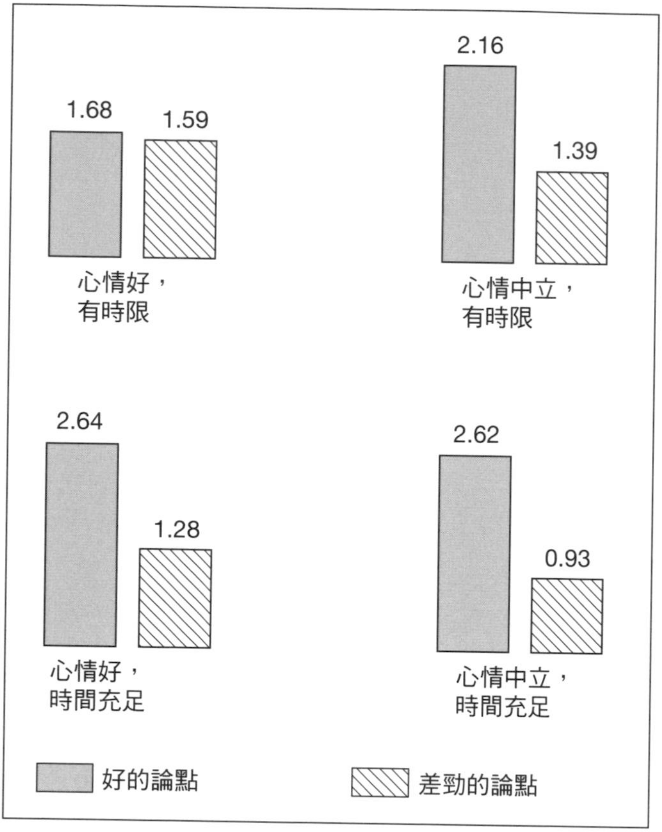

圖4・馬奇與沃斯實驗的圖表結果（圖片來源：Adapted with permission from Mackie, D. M., Worth, L. T. Processing deficits and the mediation of positive affect in persuasion. J Pers Soc Psychol. 1989 Jul;57(1):27–40. Copyright © 1989 American Psychological Association.）

麥基與沃斯的研究意味著人們會採用兩種方式來判斷複雜問題。其中一種較慢但非常準確，另一種則是倉促了事。慢而準確的方式主要依靠邏輯，但倉促了事的方式則取決於情緒，因此理性和情緒可以視為兩種互補的系統，在人類大腦之中負責做出決策。如果必須找到正確答案，也有充足的時間和資訊可運用，那麼我們就可以採取緩慢且全面的方法來推論問題。如果時間與資訊不足，或者不一定要得到正確答案時，我們就能採用「跟隨感受」這種迅速又省力的方法。

然而，我們偶爾會選錯系統。比方說，我們可能會高估自己擁有的時間和資訊，或是高估做出正確決定的重要性，於是採用推論的方式處理，但其實訴諸情感的結果可能會更好。

神經科學家安東尼歐．達馬西歐（Antonio Damasio）說過一個故事：他有一位腦部受損的患者會無法克制地過度使用理性系統。在一次檢查後，達馬西歐詢問患者下次想要預約的時間。他提出兩個合適的日期，當中只隔了幾天，患者則是拿出日誌，開始分別列出這兩個時間的好處與壞處。接下來將近半個鐘頭裡，他考量了這兩天可能出現的天氣狀況、是否需要取消其他事項，以及其他數十種相關的因素。達馬西歐很有耐心地聽著這一切，最後輕聲建議患者應該在第二個日期過來。「好的。」患者笑著說，然後直接闔上日誌，彷彿什麼事都沒發生過。

這個故事說明的是，如果要做的決定並不危急，那麼採用迅速處理的情緒系統可能會比緩慢理性的系統更好。從另一個角度來看，當我們一定要做出正確的判斷，最好就不必考量時間的問題。例如我們想要確認某人是否犯下殺人罪，此時為了找出正確答案，我們就得做好會犧牲時間的準備。在這類情況中，讓情緒左右決策肯定會造成傷害，所以我們必須設法減少其影響。

許多人認為將決策的過程制度化會是一個辦法，也就是把這種個人行為轉換成集體行為。他們希望在群體的討論中，個人的情緒偏見會互相抵消，只留下純粹理性做為判斷的唯一依據。所謂集思廣益，是因為大家在一起就應該不會那麼情緒化。在科學的領域裡，同儕審查之目的是要濾除爭論者間的敵對情緒，這樣他們才有可能藉由純粹理性的方式達成共識。現今大多數國家的法律制度中，重要案件的決定權並非操縱在一位法官手中，而是來自十二個人組成的陪審團。同樣地，這種方式也是寄望於集思廣益，因為他們之間衝突的情緒會彼此抵消，只留下純粹理性做為最終的裁決。

遺憾的是，這種對制度化決策的樂觀看法不免使人疑慮。處於團體之中可能會讓情緒擴大，而非緩和。十九世紀末期，法國心理學家古斯塔夫．勒龐（Gustave LeBon）以令人毛骨悚然的文字描述人們會如何受到群眾的激情帶動而陷入狂熱，做出自己完全意想不到的可怕舉動。近來，心理學家也推測，像希特勒和墨索里尼這類煽動者之所以能夠掌權，有一部分就是因為他們利用了原始的「群眾心理」，亦即讓集體情緒淹沒個人的理性之聲。

其他研究對於群體決策則是抱持比較正面的看法。詹姆斯．索羅維基（James Surowiecki）整理的證據顯示，在特定境況下，群體可以比單一成員做出更好的決定。然而，這種情形通常僅限於大家會提出各種不同的意見，以及人們在集思廣益之前就獨立做出了判斷。換句話說，過多溝通可能會讓整個群體變得更不明智。情緒感染（emotional contagion）可以視為一種非語言的溝通，而這會使問題惡化。

無論是好是壞（或許兩者皆有），情緒在社會團體裡容易增強的原因仍然有待解釋。我們是不是生來就要當順從者，暗自對權威的力量感到著迷，就像法蘭克福學派心理學家在第二次世界大戰後所認為的那樣？或者在情緒感染的力量背後，其實還有更深沉的生物學因素？

同理心的神經基礎

鏡像神經元（mirror neuron）的發現，為情緒感染所牽涉到的神經機制提供了有趣的線索。一隻動物做出特定行為，無論是出於習性或是因為觀察到其他同類這麼做，鏡像神經元都會以相同的方式活化。在一九八〇及一九九〇年代，義大利帕爾馬大學（University of Parma）的神經生理學家曾將電極置入獼猴大腦中，藉此研究專門控制手部與口部行為的神經元。每次實驗時，研究者會讓猴子拿取食物並測量牠們對特定動作的反應。結果顯示，猴子看到有人拿起食物，以及猴子自己拿起食物時，某些神經元都會做出反應。

由於對人類執行同樣的實驗並不道德，所以必須用間接的方式來證明人類身上也有鏡像神經元。此證據主要來自功能性磁振造影（fMRI）研究。例如，有一項研究發現，當人們聞到噁心的氣味，以及當他們看到別人吸入相同氣味所露出的噁心表情，都會活化同樣的大腦區域。因此鏡像神經元或許就像一種反射機制：你先看到別人臉上露出噁心的表情，而這會自動觸發你的噁心感受（見說明6）。這就是我所謂的情緒感染。

雖然情緒感染可能是同理心的重要基礎，但並非唯一的條件。同理心是指自己彷彿能感受到他人的情緒。譬如有一位好友因為遭遇不幸而突然大哭起來，我們可能也會感到悲痛而流淚。這很類似情緒感染，同樣運用了一些相同的神經迴路，然而這並不只是無意識的反射反應，因為其中也涉及了某些高等的認知處理，這或許能調節我們體會他人感受的程度。

說明6

對於情緒表情的潛意識反應

一九九八年，愛爾蘭神經科學家雷．多蘭（Ray Dolan）與同事約翰．莫瑞斯（John Morris）、以及阿恩．歐曼（Arne Öhman）的研究發現，大腦除了在意識層面處理情緒的臉部表情，也會在潛意識中這麼做。有一項實驗是讓人們觀看兩張顯示憤怒表情的投影片。當研究人員亮出其中一張投影片時，也播放一段令人不舒服的「白噪音」，刻意讓受試者在記憶中為這張臉加上負面的情緒標記。另一張憤怒臉孔出現時則沒有任何聲音。

實驗的下一個階段，是先迅速閃現其中一張投影片，緊接著再播放另一張印著面無表情人臉的投影片。這就叫「後向遮蔽」（backward masking）——就是我們對第二張投影片的感覺會遮蔽我們對第一張投影片的感覺。受試者接受詢問時，都回答看到了第二張投影片，卻沒見到第一張。

雖然受試者回答沒看見第一張投影片，但在潛意識中一定感受得到，因為如果第一張投影片是先前和白噪音有關聯的那張，他們就會出現不同的大腦活動。換言之，他們的潛意識確實感受到了第一張投影片。在大腦中讓我們無意識辨認出負面表情的主要區域是右側杏仁核。這再次證明了杏仁核對無意識的情緒處理有極大作用。只要你對素未謀面的人產生某種直覺反應——也就是說，當你「就是不喜歡某個人的樣子」，那大概是因為杏仁核告訴你，這位陌生人看起來很像某個曾經對你做過壞事的人，儘管你根本不記得那個老敵人了。

有一項研究是讓參與者跟別人（他們已經和實驗者暗中串通好）玩遊戲，大家都可以選擇使用公平或不公平的策略。接下來，參與者會看到其他玩家似乎遭受到痛苦的電擊。在同伴採取公平策略時，參與者的腦部反應，跟其他實驗中受試者發現他人展現痛苦時的反應相同。然而，當採取不公平策略的玩家表現出痛苦，男性參與者的腦部反應卻減弱了。除此之外，男性大腦中和報復欲望有關的區域，也比女性展現出更活化的現象。

此類研究的結果顯示，同理心不只和想法有關，也涉及了情感。好友因為母親過世而痛哭，我們也可能會流下同情之淚，可是當陌生人哭泣，我們或許就毫無感覺。如果我們見到不喜歡的人流淚，說不定還會幸災樂禍——對他人的痛苦感到快樂。這意味著只要學會將你的想法轉移並重新聚焦，你或許就可以訓練自己變得更有同理心。比方說，看到一位遊民在街上乞討時，你可能會很想把他當成酒鬼。這是忽視他人困境的一個方便藉口。不過假如你設身處地替他們想呢？如果你想到對方就像你一樣，是一個孤單的人，也許經歷過某種不幸，卻仍然擁有希望與夢想？雖然我們不是聖人，但可以學著更有同情心也更寬容。

同理心能力有明顯的個別差異，在這種差異的其中一個極端：精神變態（或反社會分子）似乎完全沒有同理心，這也許正好解釋了他們為何傾向採用暴力、欺騙、狡猾的手段。而在差異的另一端，有些人則似乎因為過多的同理心而受苦；他們會對其他人的情緒過度敏感。有高度同理心的人覺得自己必須去解決所有人的問題，並且照顧好他們的感受。這可能會造成非常大的壓力，導致憂鬱或倦怠。

「培養適度的同理心」是我們倫理生活的關鍵。同理心會使人寬容，而這個要素能讓世界變得更和平也更緊密。啟蒙時代的哲學家認為，同感與同情是打造健全社會的基石。現在這個概念的重要性更甚以往。

本書撰寫於二十一世紀的第二個十年末期，此時偏狹與偏見的情況日益嚴重。在第二次世界大戰後似乎逐漸消退的民族主義與種族主義又再度興起。有些政客主張建立高牆阻止移民流入，並且對受苦的難民和尋求庇護者視而不見。這個世界非常需要更多的同理心。同理心能讓我們更注意到自己和全世界其他人的共通性與連結。這會幫助我們看透宗教、種族或意識形態的表面差異，進而看見我們共有的基本人性。

第五章

哭泣的電腦

針對情緒研究，現在有些最令人興奮的研究已非出於心理學家或人類學家之手，而是來自電腦科學家。情感運算（affective computing）這個新領域（有時也稱為人工情緒智慧或情緒ＡＩ）的目標，是想建立能夠辨識並模擬人類情緒的系統與裝置。某些研究者甚至預言機器總有一天會擁有自己的情緒。

我們先來討論情緒辨識。自一九九〇年代起，研究者開始認真嘗試讓電腦具有識別人類情緒的能力。此領域的開創性研究來自伊爾凡・艾薩（Irfan Essa）和亞歷克斯・潘特蘭（Alex Pentland），他們設計了一部用來辨認六種基本情緒表情的電腦。在百分之九十八的時間裡，電腦都能夠正確辨識出志願者所做的其中一種表情。這樣的準確率甚至比大多數人還高。

從那時起，這個領域就有了長足進步。除了視覺影像處理之外，電腦也能從聲音和生理資料等其他種類的輸入來擷取情緒資訊。人類會以許多方式表達情緒，包括聲音的語氣以及流汗與心率這類細微的線索，因此當電腦連接上能夠偵測此種資訊的感應器（例如麥克風和心率感測器），就可以將這些不同的資料全部結合起來，描繪出人們更複雜的情緒狀態。

情緒狀態可以用下列其中一種方式來描述：把它視為一個獨立的類別，或者當成圖中的一點。第一種方法是將輸入資料歸為特定類別，或是將情緒標記為憤怒或恐懼。第二種方法是把輸入資料定位在二維以上的笛卡兒座標系中的某一點。要採用何種方法，取決於你認為以什麼理論來歸類情緒是最好的。

類別取向會將情緒當作獨特的心理狀態。艾克曼的基本情緒理論就是個好例子；情緒被整理成一份清單，而電腦必須決定哪個項目最符合輸入的資料。維度取向則偏好把情緒看作程度上的問題。比方說，正向活化—負向活化（Positive Activation—Negative Activation，PANA）模式將正向情感與負向情感視為兩個不同的維度，而在維度上的情緒會連續變化。這可以用二維圖來表示，其中垂直軸是正向情感，水平軸則為負向情感。

另外，雨果．勒夫漢（Hugo Lövheim）提出一種三維模式，其中每個軸各代表了神經傳導物質多巴胺、正腎上腺素、血清素的多寡。在這個所謂的勒夫漢情緒立方（Lövheim cube of emotion）中，立方體的八個角落分別對應八種不同的情緒。例如，憤怒的定義是血清素低、多巴胺高以及正腎上腺素高（見圖5）。無論研究者選擇以何種方式分類情緒——類別或維度，電腦辨識情緒的做法，通常都是從各種感應器獲得輸入的資料，再利用機器學習將其置於合適的類別或點。

能夠以這種方式辨認並識別人類情緒的電腦用途相當廣泛。例如，蘋果公司的Siri、Google助理、Amazon Alexa等虛擬助理雖然能明白我們所說的話，卻往往無法分辨我們是否感到生氣、開心或憂鬱。許多公司目前都在努力解決這個問題。如果一部智慧型載具中的虛擬助理可以認出駕駛的情緒狀態，就有可能注意到駕駛似乎累了，並提議接手控制。家裡的浴室鏡子或許會偵測到你有壓力，於是調整燈光並播放舒緩的音樂。線上學習環境感受得到學生很洩氣，因此放慢速度或講個笑話。自閉症患者說不定能利用會辨識情緒表達的機器，更有效地應對社交場合。

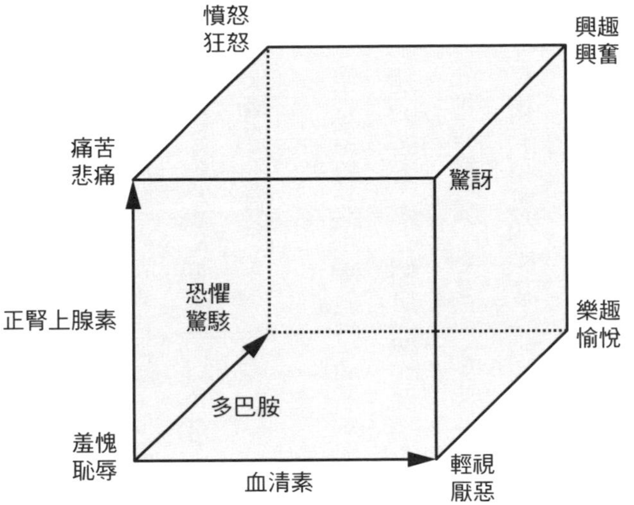

圖5・勒夫漢情緒立方（圖片來源：Adapted with permission from Lövheim, H. A new three-dimensional model for emotions and monoamine neurotransmitters. Med Hypotheses. 2012 Feb;78(2):341–8. Copyright © 2011 Elsevier Ltd. All rights reserved. doi: 10.1016/j.mehy.2011.11.016.）

這種技術除了好處也會帶來風險。雇主可能會掃描員工的臉孔檢查他們是否感到無聊。工作面試場合可能會利用臉部辨識軟體挑選最熱心的應試者。如果演算法主要是運用白人臉孔的資料庫來訓練，這些系統也許就會偏袒他們，對其他族群不公平。要是此技術在日常生活中普及，我們的親密關係甚至也會受到影響。假如丈夫與妻子都能使用手機察覺出對方欺騙的細微線索，婚姻雖然會變得更真誠，卻會帶來更多憂慮。

情緒辨識技術還有更多有趣味的應用。藝術家大衛・麥戈蘭（David McGoran）製作了一顆連接著心率監測器的人造心臟。當人們穿戴上監測器，手裡拿的人造心臟就會跟自己的心同時跳動。這種體驗可能會深深地觸動人心。麥戈蘭跟Rusty Squid工作室的同事一起運用機器人技術製造出互動藝術品，為大家帶來驚奇和愉悅。

情感運算並不限於打造能夠辨識人類情緒的系統，它也能用於製造刺激情緒表達的裝置。有個早期的例子叫Kismet，是麻省理工學院（ＭＩＴ）的辛西亞・布拉齊爾（Cynthia Breazeal）在一九九〇年代晚期製造的一具機器人頭部。Kismet擁有可動的眼皮、眼睛與嘴唇（見圖6）。雖然Kismet的情緒表達幅度有限，不過產生的情感已經具有足夠說服力，能夠讓與其互動的人類感到同情。布拉齊爾請人類父母每天都和Kismet玩。Kismet獨處時會顯得很難過，可是偵測到人臉時，它就會露出笑容，希望得到注意。如果人類移動太快，它便會露出害

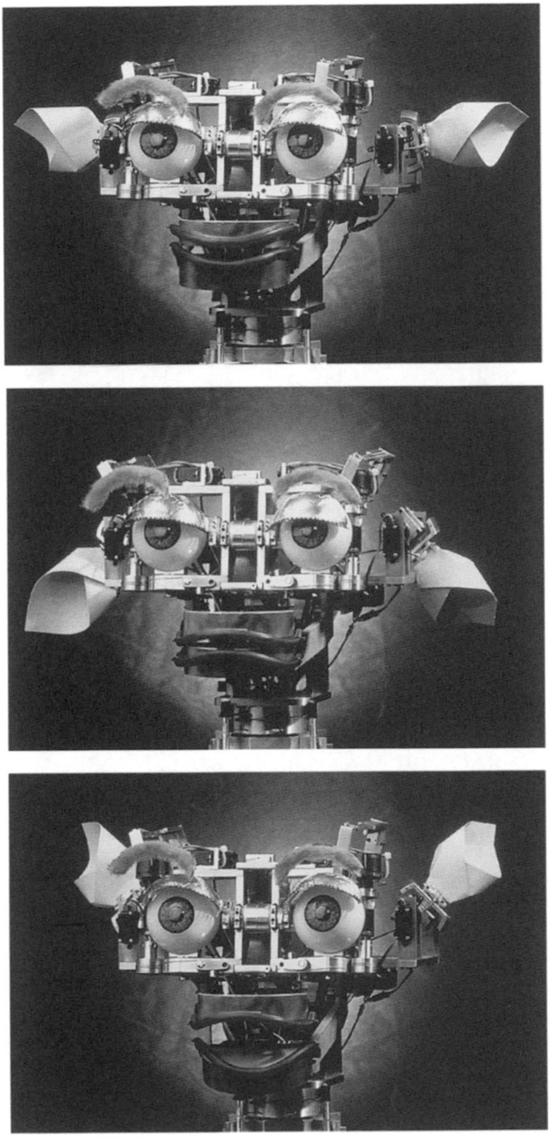

圖6・由MIT開發的Kismet機器人能夠模仿一些人類情緒。此處有快樂、難過與驚訝。（圖片來源：Peter Menzel/Science Photo Library.）

怕的表情，覺得事情不太對勁。跟 Kismet 一起玩的人類父母都不禁對這些簡單的情緒表達形式做出同情反應。

Kismet 被刻意設計成像是卡通人物。它有大大的眼睛、濃密的眉毛，以及紅色的橡膠嘴唇。換句話說，它不是要設計成像人類的樣子。設計者想把機器設計得像人類時，往往會陷入所謂的「恐怖谷」（the uncanny valley）。此現象最早是由日本機器人科學家森政弘（Masahiro Mori）所提出。森政弘認為，當機器人的外觀越像人類，人們的反應就會越來越正面也越有同理心，直至機器人達到某個近乎完美但還不完全一樣的程度。這時，人們就會突然對機器人感到不安（見圖 7）。

因此，設計擁有情緒的機器人時，工程師必須注意並調查人們對其作品的反應。機器人越寫實不一定越好，說不定人們反而比較喜歡和沒那麼像人類的機器人互動。

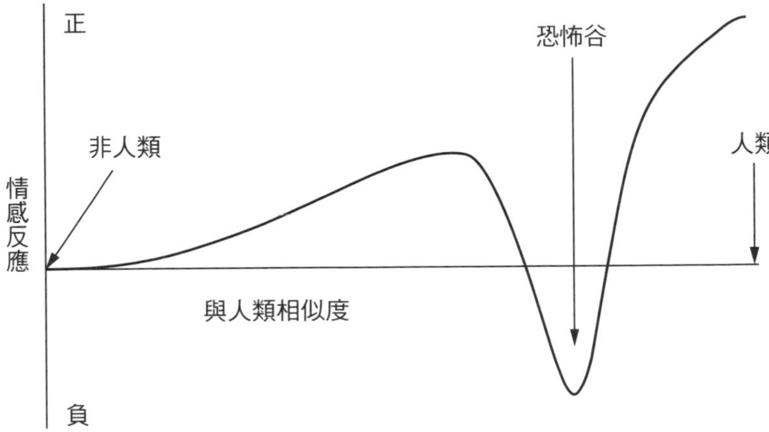

圖7・恐怖谷。（圖片來源：Adapted from Sasaki K, Ihaya K and Yamada Y〔2017〕Avoidance of Novelty Contributes to the Uncanny Valley. Front. Psychol. 8:1792. © 2017 Sasaki, Ihaya and Yamada. doi: 10.3389/fpsyg.2017.01792.）

人類不只會透過表情來表達情緒，我們說話的方式也會洩露許多關於自身情緒狀態的資訊。**Kismet**就是藉由發出像寶寶一樣的可愛小聲音來模仿這一點。電腦科學家正在打造越來越複雜的語音合成器，而其展現情緒的方式，就是調整表達時的非語言部分，例如速度、音調、音量。珍娜・康（Janet Cahn）在一項開創性的實驗中將情緒中立的句子輸入電腦（例如「我在報上看到了你的名字」），接著指示電腦用難過的語氣說出來。結果有百分之九十一的人類聽眾猜對了語音合成器所表達的情緒。雖然程式不善於表達其他情緒，但人類光靠語音信號也不一定每次都能成功傳達自己的情緒。

自從辛西亞．布拉齊爾與珍娜．康開創性的研究以來，情感運算就有了長足的進步。現在已經有各式各樣能夠表達情緒的機器人了，這些機器人就像Kismet，通常會設定只展現出固定的情緒表達範圍。程式設計者會先找出他們想要機器人模擬的情緒。也就是說，他們在分類情緒時往往選擇類別取向。接著工程師再為各種情緒設計出獨特的表達方式。

能夠模擬情緒表達的機器人有很多用途。比方說，它們可以用於幫助自閉症的孩子。衍生自盧森堡大學（University of Luxembourg）的LuxAI公司就打造了一種機器人，據說能讓自閉症兒童更願意和人類治療師互動，並且減少在治療期間所感到的不安。LuxAI的共同創辦人愛達．納薩瑞克漢（Aida Nazarikhorram）表示：「與人互動時，會產生許多社交線索，例如臉部表情、聲音音調以及身體動作，這些會讓自閉症兒童覺得難以承受又分散注意力，但是機器人能夠簡化一切。例如，每次機器人說話或執行工作時，都會表現得跟前一次一模一樣，而這會使自閉症兒童覺得安心。」

會表達情緒的機器人也能當作老年人的人工伴侶。老年學家很早就知道，能夠展現各種情緒的寵物（尤其是貓狗之類的動物）可以防止高齡者陷入憂鬱。電子寵物也會帶來類似的好處，例如Sony的Aibo機器狗。研究者正在打造有更大助益的人形機器人。由於人形機器人越來越先進，有些人推測，我們和機器人伴侶的關係總有一天會超越一般的人際關係。

英國學者大衛・李維（David Levy）在他的著作《機器人與性愛》（*Love and Sex with Robots*）裡主張，這種現象在二十一世紀中期左右就會相當普及。他預測甚至會有許多人與機器人結婚並發生性關係。李維寫道：「跟機器人戀愛就像和人類戀愛一樣正常，人類之間一般的性行為及體位次數都會增加，因為機器人能教給我們的比全世界所有性愛手冊加起來的還多。」

不是每個人都同意這種說法。戀愛關係的其中一個要素，是伴侶根據自由意志選擇了你，而且對方也可能會拒絕你。雖然人們通常都想要另一半對自己認真與忠誠，但也希望這是不斷選擇才有的結果，而非不容改變的行為模式。機器人能否做到這一點，確實令人懷疑。

某些人甚至更進一步主張性愛機器人肯定有害。AI倫理學文化教授凱瑟琳．理查森（Kathleen Richardson）就提出警告，認為性愛機器人的發展會阻礙人類之間的擬情關係發展，並且強化不平等與暴力的權力關係。理查森發起了「反性愛機器人運動」（Campaign Against Sex Robots），防止「女性被性愛機器取代成為親密對象」的觀念成為常態。

同樣地，人工智慧專家喬安娜．布萊森（Joanna Bryson）認為，機器人應該根據法律製造、銷售並且被視為奴隸，而不是與我們地位相同的夥伴。她主張，當我們讓它們擁有人性，就會使真正的人類失去人性。布萊森表示，機器人不該被描述為人，也不能讓它們為其行為負起法律或道德責任。恰恰相反，我們應該把機器人當成奴隸，是我們決定了它們的目標和行為，我們才能直接或間接規定它們擁有什麼智慧，或者要如何運用它們的智慧。不過我們稍後會看到，設計機器人所採用的演化方法可能會讓這種明顯的差異變得模糊。

情緒與行動選擇

本章到目前所檢視的發展全都是關於情緒的外在面向——表情、語氣之類。電腦科學家在設定機器辨認人類所表達的情緒或是模擬情緒表達時，並不是想讓機器擁有跟我們一樣的內在狀態。不過有些電腦科學家卻打算這麼做。

為什麼電腦科學家想要打造出具有內在情緒狀態的機器，而不只是好看的臉孔？其中一個理由是所謂的行動選擇（action selection）。行動選擇這個技術名詞代表著一件看似簡單但其實非常複雜的事——決定下一步該怎麼做。即使是最基本的動物也必須從許多可能的動作中做出選擇。

就拿蜜蜂為例。蜜蜂會在花朵間飛行，採集花蜜帶回蜂巢。從一朵花收集完花蜜後，蜜蜂就必須決定是要飛回蜂巢或者飛向另一朵花。如果蜜蜂去了另一朵花，也許能收集到更多花蜜，可是多出來的重量會讓它更難飛行。事實上，負載過多花蜜可能會縮短蜜蜂的壽命。工蜂的壽命越短，能為群體奉獻的總時間就越少。所以蜜蜂在決定要繼續採蜜或回巢時，就必須衡量各項行動的成本效益。

機器人也面臨到類似的困境。例如自主監測無人機有多種目標，而每個目標都可能彼此衝突。或許它必須藉由空拍收集資訊，可是又得避開障礙，並且在不被偵測到的情況返回基地。萬一它要監視的人躲在密集的城市環境裡呢？無人機應該下降高度以取得更好的畫面，同時冒著被發現的風險，還是應該留在高空避免被察覺，然後拍攝沒那麼有用的照片？

如果具備多個可能互相衝突的目標，機器人就會需要某種行動選擇系統。早在一九六七年，人工智慧其中一名先驅赫伯・賽門（Herbert Simon）就曾主張，既然動物會運用情緒來解決行動選擇的問題，那麼機器人或許也該如此。

賽門的論點雖簡單卻很聰明。無論是動物或機器人，每一次能處理的事項數量都有其限制。因此，如果有一個以上的目標，它就必須明智地劃分時間，將時間適度分配給各個活動，才能達成所有目標。然而，除非是處在完全安穩的環境中，否則它也必須持續注意是否有外在變化讓它需要迅速改變行動。舉個例子，假設有一臺機器人要達成兩個目標：第一是從一顆小行星上採集岩石樣本並原地分析，第二則是把這些樣本安全帶回地球。請想像這臺機器人正快樂地坐在小行星上，要對它剛撿起的岩石做化學測試，此時突然有塊岩屑衝向它。除非機器人具有某種「中斷機制」，否則就算它成功實現了第一個目標，第二個目標也會悲慘地失敗。

賽門指出情緒就是這種中斷機制，他把這當成定義。換句話說，「情緒」一詞就是我們在自己及其他動物身上觀察到中斷機制時所給的名稱。情緒純粹就是為了「能快速應對環境突然變化而中斷活動」的心理過程。這段定義的關鍵字是「快速」。雖然許多心理過程都能中斷其他過程，但不是每一種都能對環境中突然發生的變化快速做出反應。心情可能會因為許多細微的改變而逐漸累積，最後強大到足以中斷我們的想法。

賽門認為情緒就是快速反應的中斷機制，這樣的定義可能太狹隘了。它適用於通常為速發型的基本情緒，但用來描述愛或嫉妒這類高等認知情緒就不太適合，畢竟那些情緒可能發生得較慢——一般最少都需要幾秒鐘的時間。賽門對於情緒的定義就和其他許多良好的定義一樣，只強調其中一項重要特徵，可是卻無法涵蓋一切。

電腦科學家設計智慧系統時，在某些方面運用了賽門的見解。其中之一是「條件—行動規則」（condition-action rules）。這是指將機器設定成在遭遇某個狀況時採取特定行動。例如設計機器人的程式，使其在察覺到大型物體接近時避開。規則通常會被指派不同的優先順序，所以如果同時出現會觸發超過一條規則的條件，程式就會遵照具有較高優先權的規則。比方說，有一架無人機的避障規則優先於指示拍攝關注目標的規則。假如無人機為了拍攝地面上某個東西的特寫而降低高度，突然發現一隻鳥正衝向它，那麼避障規則就會發揮作用，覆蓋指示拍攝的規則。

根據賽門的定義，具備這種中斷機制的無人機可以說是擁有情緒。但這不表示它擁有情感。情感牽涉了意識，而行動選擇並不等於有意或蓄意的選擇。某些人將情感視為情緒不可或缺的要素，因此他們不太可能會同意無人機擁有情緒的說法。不過要是我們能把機器人設計成擁有真正的情感呢？

機器人能擁有情感嗎？

有朝一日機器人會體驗到真正的情感，這是科幻小說的重要概念。在《銀翼殺手》（*Blade Runner*）中，有個人形機器人很憂鬱，因為她得知自己的記憶並非事實，而是由程式設計師植入她的人造腦。電影《變人》（*Bicentennial Man*）裡，羅賓．威廉斯（Robin Williams）飾演的機器人重新設計了自己的電路系統，這樣他就能完整體會到人類的情緒。這些故事能夠達到效果，有一部分是因為情感往往被視為人類跟機器之間的主要差異。情感牽涉了意識，因此許多人都不相信我們能夠打造出有意識的機器。

有些人提出論點來支持這種直覺，不過像是中文房間（Chinese room）和殭屍這類思想實驗所提出的假設通常都相當可疑（見說明7）。事實上，在二十一世紀初期，人們都不太明白「意識」到底是什麼。由於大家缺乏對意識的瞭解，在如何研究意識的問題上也缺乏共識，所以我們對於機器不可能擁有意識的相關主張都必須持保留態度。

說明7

電腦終究會擁有意識嗎？

某些研究者認為，機器在這個世紀內就會擁有意識。其他人則主張機器永遠不可能產生意識，還設計了一些奇怪的實驗來支持論點。

約翰．瑟爾（John Searle）在心靈哲學（philosophy of mind）領域的一份經典論文中提出了「中文房間」（Chinese room）這個概念。有個人坐在一個房間內，收到一連串的中文訊息，他可以依據一套規則來回應收到的這些訊息，他也完全照著規則做。房間外面的人可能會以為他懂中文，但我們很清楚他其實不懂，他只是遵照規則而已。瑟爾認為電腦一直都會是這個樣子：它們只會聽從規則，卻永遠不會真正「明白」。瑟爾由此延伸，指出電腦絕對不會擁有意識。

另一位哲學家大衛．查爾莫斯（David Chalmers）則主張：意識不是只靠行為就能證明的。他要我們想像一下殭屍——也就是外觀和我們一模一樣的生物，可是他們缺少了意識。如果這種生物真的存在，就表示即使一部電腦再怎麼看似有意識，我們也絕對不能這麼認為。

這些思想實驗的問題就像某人曾說過的一句話：思想太多，實驗不足。想要判斷電腦是否能擁有意識，與其依靠我們更不確定的牽強故事（例如中文房間和殭屍），還不如去做更多實驗。總而言之，如果想知道機器到底能不能產生意識，唯一的方法就是嘗試打造出有意識的機器。

在少數關於意識的深刻見解中，有個概念獲得了一定程度的共識：主觀感受取決於你的身體種類。如果真是如此，那麼擁有情緒而身體是塑膠或金屬的機器人，跟擁有情緒且為血肉之軀的人類，必定會產生迥異的內在感覺。不同生物之間必須要有相似的情緒項目才可能發揮同理心，所以感受上和我們相異的機器人或許不會想要對人類特別友善。科幻小說中許多故事都會描寫懷有敵意的人工智慧。在電影《魔鬼終結者》（*Terminator*）裡，一部名為「天網」的巨大電腦擁有了自我意識，企圖阻止人類關閉它，於是利用軍方的指揮系統發射了核彈。情感運算最終會導致人類與機器的戰爭嗎？若是如此，誰會獲勝？或許以後機器人不再會是我們的玩具——說不定我們才是它們的玩具。

將電腦的程式設定為順從我們，或許就能避免這種殘酷的命運。例如，我們可以設定它們遵守「機器人三大法則」，這是以撒・艾西莫夫（Isaac Asimov）在其短篇故事〈雙百人〉（The Bicentennial Man）中提出的概念（見說明8），後來出現了一部改編的同名電影（編注：電影中文名譯為《變人》）。然而，許多情緒都有個共通的重點，就是它們無法預測。真正擁有情緒的機器人可能會決定不遵守定律，或者對定律的內容重新詮釋。

現今大家越來越重視動物權，有一部分原因是：認同非人類動物就和人類一樣能感受到痛苦與情緒。基於類似的原因，未來大家或許也會越來越關心機器人的權利。正如某些人願意採取暴力手段來捍衛動物權，有些人也可能會和受壓迫的機器人合作，以使它們免於被奴役。

說明8

機器人三大法則

1．機器人不得傷害人類，或坐視人類受到傷害。
2．機器人必須服從人類命令，除非命令與第一法則衝突。
3．在不違背第一及第二法則下，機器人必須保護自己。

來源：以撒．艾西莫夫，〈雙百人〉。

也許你以為電腦永遠都是可預測的，畢竟它們就只是依照程式運作而已。這種概念會讓人無法接受電腦有朝一日會產生意識。就算我們設計出聰明的軟體讓電腦模仿情緒行為，那也不算是真實的情緒，因為它們只是在遵守指令。電腦不會像真正擁有情緒的生物一樣無法預測。

那麼如果電腦發展出自己的程式呢？這類機器或許能擁有不是由人類設計的情緒。電腦科學有一個分支稱為人工生命（artificial life），此領域會以這種自我演化的軟體來進行實驗。研究人工生命的電腦科學家不撰寫程式，而是隨機產生一連串指令，由所謂基因演算法（genetic algorithm）的小程式相互爭搶電腦硬碟空間。表現較好的程式就可以複製自己並占用更多記憶體空間，表現差的則會被清除。可是複製的過程卻被刻意設定得不完美，如此就會發生不易察覺的錯誤。這造成了突變程式的出現，其中一些在執行特定工作時，甚至表現得比上代程式更好，因此逐漸主宰了硬碟空間。如果將此過程重複好幾個世代，讓有益的突變程式累積起來，最後就會產生以人類的一般方法根本設計不出的高效能程式。

人工生命模仿了天擇演化，也具備所有的要素：遺傳（程式自我複製）、突變（複製品不完美），以及差別複製（某些程式自我複製的數量比其他程式更多）。以術語來說，這些自我演化的程式叫「基因演算法」，而其發展顯然非常類似以DNA為基礎的演化。雖然前者演化的是硬碟上的連續程式碼，後者是染色體上的核苷酸，但這並不是重點。因為電腦沒有DNA就否認它們能夠進化，就和因為電腦沒有生物的大腦而否認它們能擁有情緒一樣偏狹。

從情緒、演化再到生命，這一切生物過程的核心並不在於組成它們的物質，而是那些物質如何運作。只要電腦程式可以複製自己——即便當中包含了一些不完美，而且複製的數量取決於程式本身的特性，就可以說這種程式是根據天擇的原則來演化。

關於人工生命，最著名的一項實驗是創造名為Tierra的虛擬世界。Tierra是由電腦科學家湯瑪斯．雷（Thomas Ray）所設計，起初裡頭只有單一電腦程式的複製品。如前所述，這個程式有能力自我複製，它是「基因演算法」。然而那些複製品不一定都很完美，因此在Tierra裡隨著時間充滿了越來越多樣化的數位有機體。雷在觀察這個虛擬有機體時，興奮地發現了前所未見的生命體，另外還有虛擬病毒，以及為求自保而發展出人工免疫系統的宿主。雖然這些人工生命體還不到擁有情緒的地步，但不難想見，只要給予足夠時間，它們就會演化出這類能力。由於設計過程中加入了隨機元素，所以這種情緒真的無法預測。

人工生命技術可用於測試關於情緒演化的假設。例如，阿姆斯特丹大學

（University of Amsterdam）的保羅・丹・杜克（Paul den Dulk）和他的同事，就運用了基因演算法來研究約瑟夫・勒杜的恐懼處理雙路徑模式。第二章曾經提過，勒杜發現了許多哺乳動物的恐懼都是由兩條神經路徑同時處理，一條位於皮質下，另一條則幾乎都在皮質之中。皮質下的路徑速度較快，不過會產生許多誤報，而皮質中的路徑速度較慢卻更準確。勒杜認為，天擇會演化出這種雙路徑模式，是因為它能讓動物得到兩全其美的效果，一方面能在必要時快速逃脫，另一方面又不必被假警報浪費太多精力。

丹・杜克讓測試對象在一個由掠食者和食物組成的簡單環境中演化，發現測試對象確實演化出類似勒杜提出的雙路徑機制，但這必須符合特定條件：食物與掠食者之間的區別不能太過簡單，而且透過皮質路徑傳達的訊息必須明顯比皮質下路徑更久。

嘗試打造出擁有情緒的人工生命體（無論是模擬世界中的虛擬對象或是實體機器人），或許能幫助我們更加了解自己的情緒。義大利神經科學家范倫鐵諾・

布萊騰伯格（Valentino Braitenberg）主張，想要明白複雜的系統如何運作，建造模型比起只藉由觀察來推論其機制還要簡單。模型的行為和目標系統的行為，兩者對應的程度越高，我們就越能相信：模型的內部結構會和目標的內部結構相對應。由於模型是我們親自建造的，所以其內部結構可以一目瞭然，也就不需要透過分析來推論。因此，打造擁有情緒的機器人，最重要的理由或許就是為了更瞭解我們自己。

後記

心有其理

法國天才布萊茲・帕斯卡（Blaise Pascal）曾寫道：「心有其理，但理性一無所知。」當人們談到認知和情緒，或是（以較為傳統的話來說）理性與感性，意思通常是指兩種不同的心智能力。其中一種會保持冷靜、沉著、鎮定，並透過明確的邏輯規則緩慢地導出結論。另一種則是熱烈、生動，根據直覺妄下結論。

然而，內心能夠獨立於理性之外，不代表它就缺乏理性。情況恰好相反：正如我想在本書中說明的，情緒所做的事——讓我們逃離危險、慫恿我們追求有吸引力的人、讓我們集中精神、影響我們的判斷——一切都有其理由，而且有時候還是非常好的理由。不只是理性之內包含感性，其實感性之中也存在著理性。

就拿大家熟知的好心情與過度自信這種關係為例。心情好的人經常會高估自己在特定活動上的成功機率，而心情差的人往往預測得較為準確（這種現象稱為「憂鬱現實主義」）。你可能會因此認為心情差的人比較好，畢竟在其他條件相同的情況下，準確的預測要比不準確來得好。問題是，其他條件並不會相同。要是你成功的機會相當低，心情又很差，那麼你可能連準確的評估試都不想試。不過假設你心情好，那麼高漲的希望可能會促使你去嘗試，結果就幸運成功了。

如果浪費精力的代價很低，獲得成功的報酬又很高，那麼過度樂觀其實是有益的。當我們為了配合成功的客觀機會而試圖拉低期望，說不定會把成功的可能性又拉得更低。而且，就算過於自信不會提高你成功的機率，也可能帶來其他社交方面的好處，像是吸引夥伴或激發信任。

這好像很矛盾。一方面，好心情似乎會使人不夠理性，導致人們忽略客觀事實而對成功有很高的期望。但另一方面，過度自信可能又會比重視實際更為合理，因為偶爾就是要大膽才能達到目標。看來情緒有時能夠展現某種超理性的特質，讓純粹理性免於受到傷害。

情緒不一定總是這樣。如果是，那麼關於情緒的負面看法從一開始就不會得到認同，更別說還能有如此大的影響力。情緒在許多西方思想家的著作中受到嚴厲的批評，證明了它不一定總是因贏得理性而帶來好結果。有時候情緒的影響會對理智造成傷害。我們偏好熟悉的事物，因此會把錢花在常見的品牌上，而非購買鮮為人知的公司所製造的產品，儘管那些東西比較便宜，品質也一樣好。心情對判斷力的影響，可能會讓我們相信騙子的話，因為對方親切的表情會引發一種正面的直覺，導致我們忽視論點的漏洞；諸如此類。

我在本書中捍衛的情緒正面論，並不否認情緒偶爾會影響理智而造成傷害。此論點只是主張：這類情況發生的次數與重要性遠遠不及情緒帶來的益處。大致上，缺乏情緒的生物非但不會有我們聰明，他們也會更不理性。

這表示，我們應該採取有別於邏輯學家和經濟學家的觀點看待理性。經濟學家是用相當技術化的方式定義情緒，亦即追求期望效用最大化。粗略來說，這是指一個人的行為方式會是以「盡量滿足自身所有偏好」為目標。

這種解釋還算可以，不過卻未提及偏好從何而來，也沒說明只擁有特定偏好算不算理性。嚴格來說，後者的問題對於經濟學家實在毫無意義，畢竟他們是從滿足偏好的觀點來定義理性。雖然可能會有不理性的消費者與購買行為（也就是並非由一組「一致」偏好所產生的結果），但在經濟學中並沒有不理性的偏好（就這點來說，其實也沒有理性的偏好；偏好就只是偏好而已）。

我無法苟同。擁有特定偏好算不算理性，這似乎是個完全合理的問題。例如，我認為想要讓幾個朋友喜歡自己是很合理的事，然而希望全世界每一個人都熱愛自己就不合理了。如果有經濟學家把這當成一派胡言，那是因為他們跟不上這個世界的步調，而非這個世界跟不上他們的步調。

內心也是有理性的，但並不是會導致「手段—目標」式思考的那種理性；情緒不只是為了達到特定目標，也是為了讓我們一開始就知道要追求什麼目標。倘若想替這種概念擴大的理性取個名稱，我們可以學心理學家蓋格瑞澤（Gigerenzer）稱其為「生態理性」。或者也能採用「演化理性」（evolutionary rationality）一詞，因為我們的偏好深受生物遺傳的影響。如果說內心擁有理性，那是因為天擇在設計我們其他的心智能力時，用同樣的方式設計了我們的情緒：為了幫助我們盡可能在既危險又刺激的世界中生存與繁殖。

參考資料

以下有一些我所使用的原始資料，供讀者參考。

第一章：何謂情緒？

- Thomas Dixon概述「情緒」一詞的複雜歷史：

  ‘ “Emotion”: The History of a Keyword in Crisis’, *Emotion Review* 4:4 (2012), 338-44

- Martha Nussbaum在其精彩的著作中評論了基督教對於愛的概念：

  Upheavals of Thought (Cambridge: Cambridge University Press, 2001), 528

- Paul Griffiths將情緒分為三個類別的做法來自他極具啟發性的著作：

  What Emotions Really Are: The Problem of Psychological Categories (Chicago: University of Chicago Press, 1997)

- Paul Ekman略述基本情緒的理論：

  ‘An Argument for Basic Emotions’, *Cognition and Emotion 6* (1992), 169-200

- Lisa Feldman Barrett提出了一些批判性評論：

  ‘Was Darwin Wrong about Emotional Expressions?’ *Current Directions in Psychological Science* 20:6 (2011), 400-6

- P. L. Newman探討古魯倫巴人的「野豬附身」情緒：

  ‘ “Wild Man” Behaviour in a New Guinea Highlands Community’, *American Anthropologist* 66 (1964), 1-19

- James Averill提出文化特有情緒具備重要社會功能的概念，並在其著作中詳細解釋此觀點：

  ‘A Constructivist View of Emotion’, a chapter in R. Plutchik and H. Kellerman (eds), *Emotion: Theory, Research and Experience*, in *Theories of Emotion* (New York: Academic Press, 1980)

- C. S. Lewis提出浪漫愛是由中世紀歐洲詩人發明的論點：

  The Allegory of Love: A Study in Medieval Tradition (Oxford: Oxford University Press, 1936)

第二章：情緒的演化

- Joseph LeDoux清楚解釋了人類與其他動物之情緒的神經解剖學：

  The Emotional Brain (London: Weidenfeld & Nicolson, 1998)

- Paul MacLean對於邊緣系統的概念雖然遭到LeDoux批評，但其經典著作仍值得一讀：

  A Triune Concept of the Brain and Behaviour (Toronto: University of Toronto Press, 1973)

- S. Mineka與M. Cook記述了猴子在恐懼學習方面的實驗結果：

  'Mechanisms Involved in the Observational Conditioning of Fear', *Journal of Experimental Psychology: General* 122 (1993), 23-38

- Halen Samiei針對哭泣的演化解釋提出了精彩的概述：

  'Why we Weep', *Washington Post,* 12 Jan. 2000, H06

- William Frey主張哭泣能讓我們消除壓力荷爾蒙：

Crying: The Mystery of Tears (Minneappolis: Winston Press, 1985)

- Randolph Cornelius提出相反觀點，認為我們是在哭泣後得到社會支持才感到好過：

The Science of Emotion (Uper Saddle River, NJ: Prentice Hall, 1995)

- Steven Pinker完美概述了Robert Frank的理論：

How the Mind Works (New York: Norton, 1997; Harmondsworth: Penguin: 1998) 第六章。抗議人士的寓言以及Douglas Yates的引言皆出自這一章。

- Peter Salovey與John Mayer首先提出了情緒智力的概念：

'Emotional Intelligence', *Imagination, Cognition and Personality* 9 (1990), 185-211

- James Blair深入探討了精神病態和道德推理的發展：

'A Cognitive Developmental Approach to Morality: Investigating the Psychopath', in Simon Baron-Cohen (ed.), *The Maladapted Mind: Classic Readings in Evolutionary Psychopathology* (Hove: Psychology Press, 1997)

- June Price Tangney、Jeff Stuewig與Debra J. Mashek調查了近年來關於情緒對道德之作用的研究：

  'Moral Emotions and Moral Behavior', *Annual Review of Psychology* 58 (2007), 345-72

- Robert A. Emmons和Michael E. McCullough探討了感激之情能夠強化心理韌性並促進身體健康的主張：

  'Counting Blessings versus Burdens: An Experimental Investigation of Gratitude and Subjective Well-Being in Daily Life', *Journal of Personality and Social Psychology* 84: 2 (2003), 377-89

第三章：如何獲得快樂？

- 在儿二〇〇〇年一月版的*American Psychologist*裡，有幾篇論文檢視了快樂心理學的最新研究。其中有兩份研究對亞當・史密斯認為好運會帶來危險的看法提出質疑，分別為H. Roy Kaplan, 'Lottery Winners: The Myth and Reality', *Journal of Gambling Behaviour* 3 (1987), 168-78，以及Mark Abrahamson, 'Sudden Wealth, Gratification and Attainment: Durkheim's Anomie of Affluence Reconsidered', *American Sociological Review* 45 (1980), 49-57。

- Hunter Davies的*Living on the Lottery* (London: Little, Brown, 1996) 提供了更多樂透頭獎得主的趣聞軼事，並支持「贏錢不會讓你痛苦」的理論。
- Aaron Beck探討了認知療法：

  Cognitive Therapy and the Emotional Disorders (New York: Meridian, 1976)
- Geoffrey Miller認為笑話和故事能讓我們高興，是因為它們提供了關於講述者智慧的資訊：

  The Mating Mind (London: Heinemann, 2000) 第十章
- Eileen Kennedy-Moore與Jeanne C. Watson討論了情緒的水壓理論以及情緒表達的「發洩迷思」：

  Expressing Emotion: Myths, Realities and Therapeutic Strategies (New York and

London: Guildford Press, 1999)

- Sigmund Freud與Josef Breuer最早是在一八九五年初版且內容仍十分有趣的*Studies on Hysteria*提出了「談話治療」；後來The Pelican Freud Library（Harmondsworth: Penguin, 1974）發行了平裝版的第三卷。
- Martha Nussbaum探討了亞里斯多德的「淨化」（catharsis）之意：
  The Fragility of Goodness: Luck and Ethics in Greek Tragedy and Philosophy (Cambridge: Cambridge University Press, 1986)
- Thomas Scheff認為劇場是淨化的完美場所，因為它能讓我們以「最佳審美距離」體會情緒：
  Catharsis in Healing, Ritual and Drama (Berkeley and Los Angeles: University of California Press, 1979)
- Jo Rick and Rob Briner以 'Trauma Management vs Stress Debriefing: What should Responsible Organisations do?' 這篇論文揭露了減壓的負面效應，內容可至<http://www.employment-studies.co.uk>網站下載，也可參考相關新聞稿和文章

的連結。

- Nicholas Humphrey在*A History of the Mind* (New York: Copernicus, 1992) 的第八章中敘述了他對色彩效應的實驗；第六章裡也有一些相關資訊。
- P.M. Niedenthal與M. B. Setterlund描述了《小夜曲》（*Eine kleine Nachtmusik*）的情緒效果：

  'Emotion Congruence in Perception', *Personality and Social Psychology Bulletin* 20 (1994), 401-11
- Aniruddh Patel和Evan Balaban針對旋律引起的神經反應提出了有趣的資料：

  'Temporal Patterns of Human Cortical Activity Reflect Tone Sequence Structure', *Nature* 404 (2 Mar. 2000), 80-4
- David Healy在他內容豐富的書中討論了心情的神經化學以及百憂解的效果：

  The Antidepressant Era (Cambridge, Mass., and London: Harvard University Press, 1997)
- J. Goodman與P. Sherratt (eds) 鉅細靡遺地講述了將藥物用於治療、娛樂、儀式

等方面的珍貴歷史：

Consuming Habits: Drugs in History and Anthropology (London: Routledge, 1995)

- Jeffrey Zacks探討了情緒在電影中的角色：

Flicker: Your Brain on Movies (Oxford: Oxford University Press, 2014)

第四章：理智與內心

- J. R. Stroop親自說明了最初的史楚普測驗：

'Studies of Interference in Serial Verbal Reactions', *Journal of Experimental Psychology* 18 (1935), 643-62

- A. Matthews整理了以情緒史楚普測驗為基礎的眾多實驗結果：

'Biases in Emotional Processing', *Psychologist* 6 (1993), 493-9

- S. A. Christianson和E. Loftus討論了情緒作用於視覺記憶的實驗：

'Remembering Emotional Events: The Fate of Detailed Information', *Cognition and*

Emotions 5 (1991), 81-108

- Gordon Bower討論了他針對「與心情一致的回想」所進行的若干實驗：
'Mood and Memory', *American Psychologist* 36 (1981), 129-48
- R. A. Baron探討心情影響面試者判斷的實驗：
'Interviewer's Mood and Reaction to Job Applicants', *Journal of Applied Social Psychology* 17 (1987), 911-26
- D. G. Dutton和A. P. Aron討論了關於焦慮產生聯繫效應的精彩實驗：
'Some Evidence for Heightened Sexual Attraction under Conditions of High Anxiety', *Journal of Personality and Social Psychology* 30 (1974), 510-17
- Diane Mackie與Leila Worth解釋了心情讓人容易接受差勁論點的實驗：
'Processing Deficits and the Mediation of Positive Affect in Persuasion', *Journal of Personality and Social Psychology* 57 (1989), 27-40
- Antonio Damasio描述他的超理性患者：
Descartes' Error: Emotion, Reason and the Human Brain (London: Picador, 1995)

第193頁

- James Surowiecki分析成功的群體決策需要什麼條件：
  The Wisdom of Crowds: Why the Many Are Smarter Than the Few and How Collective Wisdom Shapes Business, Economies, Societies and Nations (New York: Doubleday, 2004)
- Abigail A Marsh檢視近年來關於同理心的研究：
  'The Neuroscience of Empathy', *Current Opinion in Behavioral Sciences* 19 (2018), 110-15
- J. S. Morris、A. Öhman與R. J. Dolan研究了人們對於情緒表情的潛意識反應：
  'Conscious and Unconscious Emotional Learning in the Human Amygdala', *Nature* 393:6684, 467-70

第五章：哭泣的電腦

- Ifran Essa和Alex Pentland敘述了他們使用電腦識別臉部表情的研究：
  ‘Coding, Analysis, Interpretation and Recognition of Facial Expressions’, *IEEE Transactions on Pattern Analysis and Machine Intelligence* 19 (1997)，757-63
- Hugo Lövheim概述其理論：
  ‘A New Three-Dimensional Model for Emotions and Monoamine Neurotransmitters’, *Medical Hypotheses* 78 (2012), 341-8
- Cynthia Breazeal談論她所打造的Kismet：
  Designing Sociable Robots (Boston: MIT Press, 2002)
- 森政弘的論文〈Bukimi no tani〉（恐怖谷）譯本可參考*Energy* 7 (1970), 33-5
- Janet Cahn討論她的情緒語言計畫：
  ‘The Generation of Affect in Synthesized Speech’, *Journal of the American Voice I/*

O Society 8 (1990), 1-19

- David Levy探討我們跟機器人同伴的關係總有一天會超越一般的人際關係：

Love and Sex with Robots (New York: HarperCollins, 2007)

- 我對此提出了一些批評：

'Wanting the Impossible: The Dilemma at the Heart of Intimate Human-Robot Relationships', in Yorick Wilks (ed.), *Close Engagements with Artificial Companions: Key Social, Psychological, Ethical and Design Issues* (Amsterdam: John Benjamins Publishing Company, 2010), 75-87。Joanna Brysona主張機器人應該當奴隸的內容出處亦同，pp. 63-74

- Herbert Simon預言我們必須給予電腦和機器人某種情緒系統：

'Motivational and Emotional Controls of Cognition', *Psychological Review* 74 (1967), 29-39

- 許多探討人工生命的頂尖論文都收錄於：

Margaret Boden (ed.), *The Philosophy of Artificial Life* (Oxford: Oxford University

Press, 1996)

- Thomas Ray討論*Tierra*計畫並於一九九二年發表的文章也在其中：

'An Approach to the Synthesis of Life'

- Paul den Dulk和同事針對恐懼的演化進行了實驗：

'A Computational Study into the Evolution of Dual-Route Dynamics for Affective Processing', *Journal of Cognitive Neuroscience* 15 (2003), 194-208

後記

- Gerd Gigerenzer、Peter M. Todd與ABC Research Group討論了生態理性：

Simple Heuristics that Make us Smart (Oxford: Oxford University Press, 1999)

延伸閱讀

在此我要推薦一些一般的入門著作，他們的內容比我在本書中所探討的主題更加詳盡，而且提供更具體的概念，可以針對每一章討論的題目深入閱讀。我會盡可能推薦書籍而非期刊論文，因為書本對大多數人來說比較容易取得。這個部分是為了一般讀者而寫，我已經在「參考書目」為讀者提供較為專業之著作的相關資訊。

情緒研究入門

想要找到較為全面、較具學術性卻又極為好讀的情緒研究介紹，最棒的選擇莫過於Keith Oatley與Jennifer M. Jenkins的*Understanding Emotions* (Oxford: Blackwell, 1996)。想要比較偏向哲學的內容，可以嘗試Paul Griffiths的*What Emotions Really Are: The Problem of Psychological Categories* (Chicago: University of Chicago Press, 1997)

以及Peter Goldie的*The Emotions: A Philosophical Exploration* (Oxford: Oxford University Press, 2000)。

關於情緒的神經科學有兩本非常淺顯易懂的著作，分別是Joseph LeDoux的*The Emotional Brain* (London: Weidenfeld & Nicolson, 1998) 和Antonio Damasio的*Descartes' Error: Emotion, Reason and the Human Brain* (New York: Putnam, 1994; London: Macmillan, 1995)。

最後，我衷心推薦Adam Smith的*The Theory of Moral Sentiments*，後來Liberty Fund則發行了便宜的平裝版 (Indianapolis, 1984)。此為Smith的第一本書，在一七五九年首度出版，對於情緒的研究至今看來仍極具洞察力。這也讓我們明白了Smith並不相信人類在本質上是自私的生物，儘管他的另一本書*An Inquiry into the Nature and Causes of the Wealth of Nations* (1776) 確實會讓某些人這麼認為。

情緒與文化差異

想要瞭解支持情緒文化論的內容，可以閱讀Rom Harré (ed.), *The Social Construction of Emotion* (Oxford: Blackwell, 1986)。Heelas在這本書中的文章提供了關於文化特有情緒的重要資訊；Heelas帶領讀者以他所謂「走馬看花」的方式討論不同文化中的情緒。石器時代之愛的有趣說明來自Geoffrey Miller著作*The Mating Mind* (London: Heinemann, 2000) 的第六章。

情緒與演化

Weidenfeld & Nicolson (1998) 最近發行了Darwin於一八七二年的著作*The Expression of Emotions in Man and Animals*，這是很棒的新版本，還附有Paul Ekman

的註釋。最近Randolph Nesse也從演化的角度來解釋情緒，請參考‘Evolutionary Explanations of Emotions’, *Human Nature* 1 (1990), 261-89。另一種演化觀點則可參閱Lisa Feldman Barrett發人深省的著作：*How Emotions Are Made: The Secret Life of the Brain* (New York: Houghton Mifflin Harcourt, 2017)。

Robert Frank以很有說服力的論點說明他所提出的高等認知情緒理論，其著作*Passions within Reason: The Strategic Role of the Emotion*描述了評估陌生人可信程度的實驗 (New York and London: Norton, 1988)。Daniel Goleman在*Emotional Intelligence* (New York: Bantam Books, 1995) 說明了情緒智力方面的研究。

心情與快樂

世界快樂資料庫的網址為 <https://worlddatabaseofhappiness.eur.nl/>。Lewis

Wolpert在*Malignant Sadness: The Anatomy of Depression* (London: Faber and Faber, 1999) 針對憂鬱提出了中肯的整體觀點。

情緒對認知的作用

關於情緒對認知過程的作用，Keith Oatley與Jennifer Jenkins在其著作*Understanding Emotions* (Oxford: Blackwell, 1996) 第九章提出了完美的概述，這也是我在撰寫第四章時的重要依據。如果想從歷史觀點出發，可以參閱亞里斯多德針對修辭學的著作、柏拉圖的*Gorgias*，以及Quintilian的*Institutio Oratoria*第六卷。在這個主題上，斯多噶學派竟然會有符合現代看法的見解，可參考Richard Sorabji的*Emotion and Peace of Mind: From Stoic Agitation to Christian Temptation* (Oxford: Oxford University Press, 2000)。

第四章中提及的資料大多來自學術期刊所發表的文章。如果無法取得這類期刊，有本很棒的資料書涵蓋了許多相同議題：J. P. Forgas (ed.), *Emotion and Social Judgements* (Oxford: Pergamon, 1991)。

情緒與電腦

Rosalind Picard的*Affective Computing* (Cambridge, Mass., and London: MIT Press, 1997) 初步概括了讓電腦擁有情緒的理論及技術研究。想要大致認識人工生命，請參考John Haugeland的*Artificial Intelligence: The Very Idea* (Cambridge, Mass., and London: MIT Press, 1985)。Andy Clark的*Being There: Putting Brain, Body and World Together Again* (Cambridge, Mass., and London: MIT Press, 1997) 從哲學觀點出色地概述了近來關於機器人學的研究。Nicholas Humphrey在*A

History of the Mind (New York: Copernicus, 1992) 探討了意識、情感及生理學之間的連結。

最後但同樣重要的是，我想推薦Isaac Asimov的科幻故事*The Bicentennial Man and Other Stories* (New York: Doubleday, 1976)。在這個故事中，Asimov探討了許多給予電腦情緒之後會發生的倫理困境，達到其他非小說著作無法企及的效果。

國家圖書館出版品預行編目(CIP)資料

情緒：人類跨越文化差異的共通語言／迪倫．埃文斯（Dylan Evans）著；彭臨桂譯. -- 初版. -- 新北市：日出出版：大雁出版基地發行, 2023.12
192面；15×21公分
譯自：Emotion : a very short introduction, 2nd ed.
ISBN 978-626-7382-38-7（平裝）

1.CST: 情緒

176.5 112019649

情緒：人類跨越文化差異的共通語言

Emotion: A Very Short Introduction, 2nd Edition

作　　者　迪倫．埃文斯（Dylan Evans）
譯　　者　彭臨桂
責任編輯　夏于翔
封面設計　萬勝安
內頁排版　李秀菊
發 行 人　蘇拾平
總 編 輯　蘇拾平
副總編輯　王辰元
資深主編　夏于翔
主　　編　李明瑾
業務發行　王綬晨、邱紹溢、劉文雅
行銷企劃　廖倚萱
出　　版　日出出版
地址：231030新北市新店區北新路三段207-3號5樓
電話（02）8913-1005　傳真：（02）8913-1056
發　　行　大雁出版基地
地址：231030新北市新店區北新路三段207-3號5樓
電話（02）8913-1005　傳真：（02）8913-1056
讀者服務信箱 andbooks@andbooks.com.tw
劃撥帳號：19983379　戶名：大雁文化事業股份有限公司
初版一刷　2023年12月
定　　價　380元

ISBN 978-626-7382-38-7